FVA

Hans Christoph Buch in der Frankfurter Verlagsanstalt:

TOD IN HABANA, Erzählung

REISE UM DIE WELT IN ACHT NÄCHTEN, Roman

BARON SAMSTAG ODER DAS LEBEN
NACH DEM TOD, Roman

BOAT PEOPLE. LITERATUR ALS GEISTERSCHIFF,
Berner Poetikvorlesung

ELF ARTEN, DAS EIS ZU BRECHEN, Roman

STILLLEBEN MIT TOTENKOPF, Roman

TUNNEL ÜBER DER SPREE, Traumpfade der Literatur

ERSCHOSSEN IM MORGENGRAUEN

Vorspann

Getting shot is easy
Tried it seven times
Now I'm just a solo poet
Working on my rhymes ...

Don DeLillo

1

Ich war ganz unten gelandet, in der Tiefebene des Frankfurter Hauptbahnhofs, von der aus eine Rolltreppe in
tiefere Kreise der Hölle, nein: zu den Bahnsteigen der
U-Bahn hinabführt. *Zapfhahn* hieß das von außen un-
beleuchtete, im Innern aber schummrig erhellte Lokal,
an dessen Tresen zwei Abiturientinnen – so heißen die
sex workers in Westafrika – aus Ghana oder Nigeria sich
ein Stelldichein gaben mit einem anonymen Alkoholiker,
der teilnahmslos in sein Bierglas starrte und ab und zu
aufsprang, um Geld in einen Spielautomaten zu stecken,
auf dem Herzasse, Pikdamen und Kreuzbuben rasend
schnell rotierten, bevor der Automat zum Stillstand
kam und mit schrillem Klingelton einen Schwall von
Münzen ausspuckte, die der Gast vom Boden klaubte,
unter dem Beifall der *sex workers* und des Zuhälters,
der kein Bier, sondern Coca-Cola trank und seinem
Schnauzbart nach aus den Schluchten des Balkans
stammte. Der anonyme Alkoholiker war ich, und ich
frohlockte über den Geldsegen, den ich in den Hosentaschen verstaute, bis ich, vom Beifall angespornt, eine
Lokalrunde ausgab, das war ich meinem schlechten Ruf
schuldig, denn ich war ganz unten angekommen, ich
sagte es schon, auf der ganzen Linie gescheitert in Ehe
Beruf Liebe Arbeit, ein Schreiberling, der tausend Texte
und an die hundert Bücher geschrieben hatte, die kein
Mensch kaufen, geschweige denn lesen wollte, obwohl es
sich um Spitzenprosa handelte, ein Spitzenprodukt wie
der Rotkäppchensekt, den ich ausgab und in den die

Bardame, vielleicht war es auch die Wirtin der Bahnhofskneipe, um den Preis hochzutreiben, *Bols Blue* goss, Herrengedeck nannte sie das, während ich meinen falschen Ehrgeiz, der Erste und Größte sein zu müssen, *ad acta* legte und endlich begriff, was Lao Tse gemeint hatte mit dem Satz: *Wer nichts tut, erreicht alles.* Das Nichtstun ist die höchste Stufe des Nirwana, alles glitt von mir ab, und statt den Kopf hängen zu lassen, spürte ich einen Zuwachs an frischer Kraft wie die himmelstürmenden Riesen der Vorzeit, die ohne Kopf weiterkämpften, und erst jetzt, an der Schwelle zum Nirwana, entdeckte ich in der trüben Tiefe des Glases die Wahrheit über die Welt draußen und über mich selbst, die so genial wie einfach war: *Wú wéi er wú bù wéi* – wer nichts tut, erreicht alles.

2

Zwölf Stunden später befand ich mich noch tiefer unten, im Keller einer Stadtvilla, der eine Einliegerwohnung beherbergte, wo Dichterinnen und Dichter übernachteten, ich war eine(r) von ihnen, lag diagonal auf dem Kingsize-Bett und stellte mir vor, wie die DichterInnen es miteinander trieben auf der ausgeleierten Matratze, die wie ein Trampolin vibrierte. Alles vibrierte, Boden Wände Decke Dusche Waschbecken und Toilette des als Gästezimmer dienenden Kellerraums, in dem man mich einquartiert hatte, das Haus war mit Partygästen überfüllt, die auf der Suche nach dem Klosett an der verschlossenen Tür rüttelten, hinter der ich mich schlaflos hin und her wälzte in meinem Kingsize- oder Queensize-Bett.

Die gute Stimmung, die mich beim Betreten der Bahnhofskneipe überkam, war verflogen und hatte sich zu nichts verflüchtigt, zusammen mit dem Geldgewinn, den ich lustlos eingestrichen und restlos ausgegeben hatte in der Bierbar, die *Ozapft is* oder so ähnlich hieß. Ich lag auf dem Rücken und konnte nicht schlafen wegen des Lärms über mir, wie jedes Jahr während der Buchmesse feierte mein Verleger ein bis zum Morgengrauen dauerndes Fest, bei dem Wein und Bier in Strömen flossen, auch für Essen war gesorgt, vegane Spezialitäten ohne Laktose Fruktose Glukose Cholesterin oder Cholesterol, Durchsagen und Rufe ertönten, und das Scharren der Schuhsohlen machte rhythmischen Tanzschritten Platz, unterlegt von Bässen und Trommeln, deren Sound wie ein Tamtam Decke und Wände durchdrang und meine inneren Organe in schwingende Bewegung versetzte. An Schlaf war nicht zu denken, vergeblich stülpte ich mir das Kopfkissen über die Ohren und verstöpselte die Gehörgänge mit Ohropax – und halbbetäubt wie ein dem Meer entstiegener Taucher identifizierte ich die Musik, die mich am Einschlafen hinderte, es war die gestopfte Trompete von Miles Davis, die schwerelos über eine von Pierre Michelot am Bass und Kenny Clarke am Schlagzeug erzeugte Meeresdünung surfte, und der Titel des Films, zu dem Miles Davis die Musik improvisierte, passte zu dem Kellerloch, in dem ich mich befand, ebenso wie zu der bodenlosen Depression, die mich nach kurzer und hektischer Euphorie überfiel: *L'ascenseur pour l'échafaud – Fahrstuhl zum Schafott* hieß der von Louis Malle gedrehte Schwarz-Weiß-Film mit Jeanne Moreau in der Hauptrolle, und während ich darüber nachsann, warum Hinrichtungen stets im

Morgengrauen stattfinden, sah ich beim Blick auf das phosphoreszierende Ziffernblatt meiner *Swatch,* dass es fünf Uhr früh war und dass hinter der herabgelassenen Jalousie ein neuer Tag dämmerte, während im Vorgarten eine Amsel zu zwitschern begann.

ICH, AUSONIUS

1

Mein Name ist Decimus Magnus Ausonius, und ich bin der erste deutsche und der letzte lateinische Dichter. Andere sagen, ich sei überhaupt kein Dichter und mein Nachruhm werfe ein bedenkliches Licht auf den literarischen Geschmack meiner Zeit. Aber ich will die üble Nachrede nicht zurückweisen, denn das vermehrt nur das Renommee ihres Urhebers, eines gewissen Gibbon, und schmälert meinen mehr als bescheidenen Ruhm. In einem leider noch immer benutzten Nachschlagewerk über spätantike Autoren steht, meine Gedichte hätten mehr kulturgeschichtlichen als poetischen Wert, böten aber Einblicke in die Ursachen für den Zerfall des Römischen Reichs. *Zitat:* »Mit seinem lyrischen Dilettantismus und seinen Formspielereien ist A. ein Zeuge für das Absterben der lateinischen Dichtung.« *Zitat Ende.* Somit werde ich nicht nur für den Niedergang der Literatur, sondern auch für den Untergang Roms verantwortlich gemacht. Früher hätte ich die Verbreiter solcher Verleumdungen von einem Küchensklaven vergiften oder von einem Auftragsmörder beseitigen lassen; aber gegen postume Verunglimpfungen bin ich machtlos, und sie haben Eingang gefunden in Lexika, deren Objektivitätsanspruch über jeden Verdacht erhaben ist.

Meine Verächter behaupten, ich sei weder ein römischer noch ein germanischer Dichter gewesen, sondern ein keltischer Barde, der versucht habe, das in den Grenzprovinzen des Imperiums gesprochene Küchen- und Kirchenlatein von Barbarismen zu säubern und auf die Höhe der klassischen Vorbilder zurückzuführen: Vergebliche Liebesmüh, denn zusammen mit der augusteischen Literatur war auch deren Stilwille im Orkus der Geschichte verschwunden, und was bei meinen eklektischen Versuchen herauskam, war nur ein matter Widerschein der silbernen Latinität. Wieder andere sagen, je nach landsmannschaftlicher Affinität, ich sei ein Aquitaner gewesen, dessen Muttersprache das schon damals altertümliche Baskisch gewesen sei. Oder sie beanspruchen mich für Länder wie Belgien oder Luxemburg, die es noch gar nicht gab, ohne Rücksicht zu nehmen auf das i, das die von Cäsar erwähnten Belger von den späteren Belgiern trennt. Wie alle ernst zu nehmenden Schriftsteller habe ich eine multiple Identität, und auf die Gefahr hin, die Verwirrung noch zu vergrößern, wiederhole ich hier, was ich in meinem Opus magnum, dem Gedicht *Mosella*, zur Frage meiner Herkunft in Wachstäfelchen ritzen und auf Schriftrollen kopieren ließ: »Dies sang ich, der ich mein Geschlecht vom Volk der Biskayer herleite, doch auch den Belgern in Freundschaft verbunden bin: Ausonius, römischer Bürger aus dem Land zwischen Galliens Grenze und den Gletschern der Pyrenäen, dort, wo das alte Aquitanien edle Sitten bewahrt; kühn ist mein Lied, mag die Leier auch schwach sein.«

2

Ich habe mich oft gefragt, ob man Schlaf nachholen kann, denn wie Seneca, der Lehrer des jungen Nero, möchte ich jede schlaflos verbrachte Nacht aus dem Kalender streichen, weil der darauffolgende Tag diesen Namen nicht verdient – aber vielleicht hat nicht Neros Lehrer Seneca, sondern Aristoteles, der Erzieher Alexanders des Großen, diesen Satz geschrieben oder gesagt. Seit ich an Schlaflosigkeit leide, lässt mich mein Gedächtnis im Stich, und nächtelanges Grübeln behebt nicht das Übel, sondern verschlimmert es. Früher weckte ich um Mitternacht meinen Sklaven, der auf einer Bastmatte vor der Tür zu meiner Kammer schlief; er entzündete die Öllampe, und im warmen Lichtschein durchstöberte ich die Schriftrollen meiner Bibliothek, bis ich die Werke des unsterblichen Plato oder Aristoteles in Händen hielt. Aber ich habe keinen Sklaven mehr und auch keine Bibliothek, die bei der Plünderung unserer Stadt einer von Alemannen – oder waren es Burgunder? – entfachten Feuersbrunst zum Opfer fiel. Ich habe es aufgegeben, mir die Namen der germanischen Stämme zu merken, die zuerst Augusta Treverorum, wo ich als Prinzenerzieher und Konsul wirkte, und später mein geliebtes Burdigala in Schutt und Asche legten. Rückblickend scheint es mir, als seien es Wellen ein und desselben Ozeans, dessen Sturmflut über den Limes schwappte, bevor sie sich in den Okeanos ergoss. Was die Barbaren nicht mitschleppen können, zerstören sie; und als im Winter das Brennholz knapp wurde, heizten sie ihre zugigen Öfen

mit den Schriftrollen meiner Bibliothek. Am Ende gibt
es keine Bücher, aber auch keine Öllampen mehr, nur
noch Talglichter, deren Flackern mir die Augen verdirbt,
und die Nächte sind so finster wie am Ursprung der Zeit,
als Jahwe – oder war es Zeus? – aus dem Chaos das Licht
des Tages erschuf.

3

Alles fing an mit einem kaum hörbaren Summen, einem
feinen Brummton, der zu nachtschlafender Zeit, zwischen zwei und vier Uhr früh, ausgehend von einer weit
entfernten, unbekannten Lärmquelle, nicht nur das
Trommelfell meines inneren Ohrs vibrieren ließ, sondern Bettpfosten und Matratze, Fußboden, Wände und
Decke in schwingende Bewegung versetzte. Nein, das
war kein Tinnitus, denn Bissula, die damals noch das
Bett mit mir teilte, bestätigte auf Befragen die Existenz
des Geräuschs, das sie jedoch nicht vom Weiterschlafen
abhielt, im Gegenteil, sie drehte sich gähnend zur Seite,
und am Morgen hatte sie die Gespenster der Nacht aus
ihrem Tagesbewusstsein verdrängt. An Schlaf war nicht
zu denken: Vergebens stopfte ich mir Wachspfropfen in
die Ohren, zog mir ein Kissen über den Kopf, verbarrikadierte mit Säcken die Tür und dichtete die Fenster mit
Wolldecken ab – das Brummen nahm nicht ab, sondern
zu, und während ich mich schlaflos hin und her wälzte,
dröhnten Trommeln, Becken und Pauken in meinem
Kopf, immer lauter und immer schneller, bis mir der
Schädel zu zerspringen drohte und der Lärm wie auf
Kommando erstarb. Hinterher fiel ich in kurzen, traum-

losen Schlaf, doch beim Aufwachen fühlte ich mich müde und zerschlagen, meine Muskeln und Knochen schmerzten, als hätten Folterknechte mich auf einem Streckbett so lange auseinandergezogen, bis die Gelenke knackten.

Im Traum ziehe ich mit einer Schar von Flüchtenden, ächzend unter Kisten und Ballen, im Ascheregen über eine Heerstraße und bemerke als Erster das Fehlen der Dächer im Weichbild der hinter mir liegenden Stadt, bei der es sich um Pompeji oder Herculaneum handeln könnte. »Also doch«, sage ich halblaut zu mir selbst, obwohl ich Pompeji und Herculaneum nie besucht und nur Berichte von Überlebenden des Vulkanausbruchs gelesen habe. Mein Begleiter zur Linken fällt stöhnend zu Boden, und als ich mich umblicke, ist die Heerstraße in ihrer ganzen Länge von Toten und Sterbenden gesäumt, an denen ich vorbeilaufe, ohne etwas zu empfinden, bis auch ich den Schmerz in der linken Brust spüre, der mich niederwirft.

4

Während mein Augenlicht zusehends schwächer wird – die mich umgebenden Menschen und Dinge nehme ich nur noch als Schatten wahr, allein die Schriften der Dichter und Philosophen stehen greifbar nah und gestochen klar vor mir –, ist mir ein drittes Auge gewachsen. Zuerst war es nur eine Furche, wie sie die Pflugschar des Bauern im Frühjahr durch den Acker zieht (»o glücklich, wer wie ihr mit selbst gezognen Stieren den angestorbnen Grund vom eignen Acker pflügt!«, heißt es in einer holprigen Übersetzung von Vergils *Georgica*), eine senkrecht stehende Furche, die wie ein Ausrufe- oder Fragezeichen meine Stirn ritzte und zwei Falten aufwarf, zwischen denen sich ein drittes Auge öffnete oberhalb der Nasenwurzel, dort, wo nach Angaben von Aristoteles' Neffen Kallisthenes, der Alexander den Großen nach Indien begleitete, fromme Hindus sich einen Kreis auf die Stirn malen in Stellvertretung des geistigen Auges, das Gott erblickt. Seitdem sehe ich Polyphem mit anderen Augen: Er war nicht plump und ungeschlacht, noch weniger blind und dumm, und durchschaute den Betrug des Odysseus, der sich ihm gegenüber als οὔτις (niemand) ausgab: Odysseus war ein Hirngespinst seines Autors, falls sich hinter dem Pseudonym Homer nicht mehrere Verfasser verbergen, wie gelehrte Gräzisten behaupten. Dass er die Gefährten des Odysseus verspeist haben soll, passt nicht ins Bild, denn wie kann ein Niemand über Begleiter verfügen, mit denen ein Zyklop seinen Hunger stillt?

Gestern war ich auf einer Beerdigung. Wir trugen meinen besten Freund zu Grabe, doch die Beisetzung erfolgte nicht nach den ehrwürdigen Riten der Götter, mit Klageweibern, die sich die mit Asche geschwärzten Gesichter zerkratzen, die Haare zerwühlen und wie Furien jammern, sondern nach dem neuen Ritus des Barfußpredigers aus Galiläa, der sich als König der Juden und Gottes Sohn ausgab und dafür auf Befehl des Prokonsuls Pontius Pilatus ans Kreuz geschlagen wurde, wie das Gesetz es befahl. Unter Sklaven und anderem Gesindel aus den Randgebieten des Römischen Reichs gewinnt die Lehre des Gekreuzigten mehr und mehr Anhänger, aber mir drehte es den Magen um beim Anhören der misstönenden Gesänge und beim Anblick der roh gezimmerten Kiste, in der man den Toten zu Grabe trug. Den Einflüsterungen meiner Gattin Bissula erliegend, hatte er sich auf dem Sterbebett zu der neuen Religion bekehrt. Von Bissula wird im Folgenden noch öfter die Rede sein, von der neuen Religion ebenfalls.

5

Mein Name sei Ausonius, und ich hätte im Vorland des Limes gelebt, in einer Villa rustica, wie sie das römische Heer den Centurionen am Ende ihrer Dienstzeit zur Verfügung stellte, auf einem von der Morgensonne beschienenen Stück Land am Westhang des Rheinischen Schiefergebirges, das ich von Feldsklaven roden und terrassieren ließ, um Wein anzupflanzen, der auf dem vulkanischen Boden gut gedieh – die Reben der von mir gesetzten Weinstöcke ranken sich noch heute die Berge hinauf und hinab, obwohl die Villa mit dem rostroten Dach, auf dessen in der Sonne getrockneten Lehmziegeln Bissula, damals noch ein Kind, ihre zierlichen Fußabdrücke hinterließ, längst abgebrannt und von Barbaren geplündert worden ist, bevor ein Erdrutsch sie verschüttete. Siebzehnhundert Jahre später haben Archäologen das Fundament meines Hauses freigelegt und wissenschaftlich durchsiebt, bevor es unter dem Asphalt einer Schnellstraße wieder verschwand: Nur die Hypocauston genannte Fußbodenheizung, deren kompliziertes Lüftungssystem schon zu meinen Lebzeiten versandet ist, wird einschlägig interessierten Touristen gezeigt, ebenso wie die Be- und Entwässerungskanäle, die ich

von Sklaven ausheben und mit Steinplatten abdecken
ließ. Nicht der prachtvolle Portikus, dessen Marmor-
säulen von Plünderern gestohlen und zum Bau von
Viehställen verwendet wurden, nur die Kloake meines
Hauses hat das Auf und Ab der Gezeiten überlebt sowie
eine in die Wand geritzte Inschrift, in der sich Bissula
über ihren Lehrer beschwert, der ihr mit dem Rohrstock
oder mit dem Lineal – je nachdem, welche Übersetzung
der Leser vorzieht – Lesen und Schreiben beibrachte:
Dieser Lehrer war ich, denn auf einer Strafexpedition
gegen die Alemannen habe ich Bissula erbeutet, als sie
sich in einem Heuhaufen verbarg, aus dem ich sie an ihren blonden Zöpfen hervorzog. Damals war sie noch ein
Kind, bevor ich sie nach dem Motto AMOR VINCIT
OMNIA aus dem Sklavenstand befreite, zu meiner Geliebten machte und später zur rechtmäßigen Ehefrau.

6

Auf Dienstreisen in Grenzprovinzen des Römischen
Reichs und jenseits des Limes habe ich barbarische Völ-
kerschaften kennengelernt, von deren Existenz mein Vater und Großvater keine Ahnung hatten, während sie
heute in spitzen Schuhen und engen Lederhosen, mit
ranziger Butter im Haar, über das Forum paradieren
und Bärenkrallen, Wolfsdung und andere Monstrositä-
ten feilbieten, denen sie magische Heilkräfte zuschrei-
ben. Nicht nur die hautengen Hosen der Germanen,
auch die kahl geschorenen Schädel altägyptischer Priester gelten neuerdings als schick, und beim Besuch der
Ewigen Stadt hatte ich das Gefühl, dass es keine Mode-

torheit gibt, die Rom nicht mitmacht. Als ich Bissula nach ihren Eindrücken befragte – auf einer vorweggenommenen Hochzeitsreise wollte ich ihr die Sehenswürdigkeiten der Metropole zeigen (damals glaubte ich noch, ihr gelegentliche Gunstbeweise schuldig zu sein, wodurch ich zum Sklaven meiner Sklavin wurde), meinte sie, Rom sei hässlich: Der Kaiserpalast, das Forum und das Colosseum lägen in Trümmern, und was den Uringestank betrifft, unterscheide sich der Circus Maximus nicht von der Cloaca Maxima. Sie selbst, sagte Bissula, ziehe die neu erbauten Städte am Limes der Hauptstadt des Imperiums vor; dort seien die Straßen sauber, die Kanalisation nicht durch Exkremente verstopft und die Bürgersteige nicht mit Orangenschalen und Pinienkernen übersät, die Spaziergänge zu Rutschpartien machten. »Ganz recht«, entgegnete ich voller Zorn über das von Bissula begangene Sakrileg, ganz recht, denn in Germanien gibt es weder Orangen noch Pinien, zu schweigen von gepflasterten Straßen oder Kanälen, die Exkremente unter die Erde leiten, damit sie den Geruchssinn nicht beleidigen. Stattdessen verrichtet ihr eure Notdurft wie die Tiere im Gebüsch oder auf freiem Feld!« – »Das ist hygienischer als der mit Unrat besudelte Marmorsitz einer römischen Toilette, die in der Hitze zum Himmel stinkt und Schwärme von Schmeißfliegen anlockt. Überhaupt«, fuhr sie fort, ohne sich durch mein Stirnrunzeln beirren zu lassen, ziehe sie ein germanisches Bauhaus, nein Bauernhaus einer aus Ziegeln errichteten römischen Villa vor. Unter dem mit Schilf oder Stroh gedeckten Dach sei es im Winter gemütlich warm, und wenn die Lehmwände keinen Schutz böten gegen die Unbilden der Witterung, reiße man das

Haus ab und errichte ein neues gleich nebenan. »Auf diese Weise haben unsere Handwerker genug zu tun, die in Germanien, wie du weißt, freie Bürger und keine Sklaven sind. Mein Vater war Dachdecker und hat sich mit seiner Hände Arbeit selbst ein Eigenheim erbaut.« – »Aus Holz oder aus Stein?« Die Frage lag mir auf der Zunge, aber ich behielt sie vorsichtshalber für mich, weil Bissula ihre Niederlagen im Rededuell mit Liebesentzug zu bestrafen pflegt.

7

Ein anderes Phänomen, das zusammen mit den Lederhosen der Gallier und den Glatzköpfen der alten Ägypter nicht nur die Hauptstadt, sondern auch die Provinzen des Imperiums überschwemmt, sind Graffiti, in denen nicht, wie ehedem, der Segen der Götter erfleht oder vor bissigen Hunden gewarnt, sondern zum Geschlechtsverkehr aufgefordert wird: Die Urheber dieser Graffiti scheinen Analphabeten zu sein, denn anstelle der Worte TE AMO, die früher jedes Kind schreiben konnte, kritzeln sie von Pfeilen durchbohrte Herzen auf Mauern und Bauzäune oder, als sei das nicht deutlich genug, einen erigierten Penis, der Sperma in eine stilisierte Vagina spritzt, gekennzeichnet durch ein auf dem Kopf stehendes Oval, das an den Fisch erinnert, der den Anhängern der aus Galiläa importierten neuen Religion als Erkennungszeichen dient. Um Bissulas religiöse Gefühle nicht zu verletzen – wie alle Christinnen hat sie keinen Sinn für Ironie und reagiert äußerst empfindlich auf meinen Spott –, will ich die Parallele zwischen Vagina und Fisch an dieser Stelle nicht erweitern oder vertiefen, aber wer Augen, um zu sehen, und Nasenlöcher zum Riechen hat, weiß, wovon die Rede ist. Ähnlich wie das von einem Pfeil durchbohrte Herz gehört der erigierte Penis zu den harmloseren Graffiti, denn es gibt noch andere Formen des Geschlechtsverkehrs, für die auf öffentlichen Toiletten mit kruden Zeichnungen geworben wird. Gelegenheit macht Diebe, und beim Propagieren widernatürlicher Unzucht schrecken die Urheber solcher Schmierereien vor nichts zurück. Es war die verdiente Strafe der Götter, dass der Ausbruch des Vesuv die pornographischen Inschriften in den öffentlichen Bädern, Tavernen und Kaschemmen von Pompeji und Herculaneum durch Bimssteine und Asche den Blicken entzog und so gleichzeitig für die Nachwelt erhielt.

Die obszönen Graffiti, die hautengen Hosen und die kahl geschorenen Schädel sind Ausdruck einer immer weiter um sich greifenden Unkultur, die sich aus den Wäldern Germaniens und den Steppen Asiens zusammen mit ihren Trägern, den Barbaren, über das Römische Reich ergießt und die Pflastersteine und Marmorstufen der Ewigen Stadt mit einem klebrigen Belag überzieht, in dem man beim Gehen mit den Sandalen stecken bleibt. Vielleicht ist das der Grund, warum der Kaiser nicht mehr erhobenen Hauptes zum Capitol schreitet, sondern gebeugt wie ein Bettler, ohne die Füße vom Boden zu heben, durch nach Urin stinkende Gassen zum Colosseum schlurft, eskortiert von seiner Prätorianergarde, die, statt Rom vor dem Einfall der Barbaren zu schützen, selbst aus Barbaren besteht. Zum Dank dafür, dass sie einst die Legionen des Varus in einen Hinterhalt lockten und bis zum letzten Mann massakrierten, hat der Senat die Heerführer der Germanen zu Generälen ernannt und ihnen den Schutz des Römischen Reiches anvertraut – nicht erst heute, sondern schon unter Tiberius. Oder war es Augustus, der damit seinen Ausruf *Vare, Vare redde legiones!* Lügen strafte? Was waren das doch für Zeiten, als Kultur und Barbarei wie Feuer und Wasser sich nicht miteinander vertrugen? Früher schauten unsere Dichter und Denker voller Verachtung auf die Menge herab, die aus ungebildeten Plebejern bestand, jetzt aber gilt Vulgarität als erstrebenswert, während man altrömische Tugend und strenge Sitten mitleidig belächelt wie eine aus der Mode gekommene Toga oder Tunika. Hässlichkeit ist das allseits akzeptierte Schönheitsideal, und nicht nur Fischweiber, Köchinnen und Marktfrauen, auch die Patrizierinnen schwärmen für tätowierte Gladiatoren, die in der Volksgunst und Volkskunst die Prätorianer verdrängen. Die Bevorzugung der Barbaren ist nicht bloß platonisch: Lieber als mit Jünglingen aus aristokratischen Familien betrügen die Römerinnen ihre Ehemänner mit bezopften Galliern und kahlköpfigen Ägyptern, und diese ziehen blonde Germanen oder kraushaarige Afrikaner hübschen Griechenknaben vor. Warum, weiß ich nicht, oder vielmehr, ich weiß es aus leidvoller Erfahrung nur zu genau: Alles Geistige gilt als dekadent, während von der durch nichts gemilderten, rohen Unkultur eine Faszination ausgeht, der sich keiner zu entziehen wagt. Mit diesen Worten hat Bissula mir die Liebe aufgekündigt, als sie mich für einen Küchensklaven verließ, der, wenn ich mich recht erinnere, Ubier war; nicht seine blauen Augen hatten es ihr angetan, sondern die Tatsache, dass der dumme Junge sich zu der neuen Religion bekannte, von der die Erniedrigten und Beleidigten sich Befreiung aus dem Sklavenjoch erhoffen. Vergeblich wies ich Bissula darauf hin, dass sie sich in eine Abhängigkeit begab, die schlimmer war als die durch römisches Recht gemilderte Sklaverei. Erst als ich ihrem Drängen nachgab und Teuto – so hieß der Typ – in die Freiheit entließ, kam sie wieder zur Vernunft: Wie nicht anders zu erwarten, brannte der Nichtsnutz mit einem Küchenmädchen durch, und Bissula wurde von ihrer christlichen Nächstenliebe geheilt. Ich dankte Amor und Venus, und in einer schwachen Stunde gab ich ihr das Versprechen, mich von den heidnischen Göttern loszusagen und zu ihrem Glauben zu bekennen. Aber das war leichter gesagt als getan, weil Bissula darauf besteht, mich in fließendem Wasser zu taufen.

Kürzlich sah ich auf der Straße – sofern man eine vom Regen aufgeweichte Piste noch so nennen will, die man hüpfend überqueren muss, um den Saum seines Gewands nicht mit Kot zu besudeln –, kürzlich sah ich auf der Straße eine junge Mutter, die ihrem Sohn einen Bissen aus dem Mund nahm, an dem der Kleine gelutscht hatte. Ich weiß nicht, ob es eine Pflaume oder eine Feige war, doch was mich verblüffte, war das, was dann geschah: Die Mutter begutachtete den Bissen und steckte ihn sich selbst in den Mund.

Später beobachtete ich ein junges Paar, das sich ungeniert auf offener Straße küsste. Dagegen ist nichts einzuwenden, ich bin nicht prüde, im Gegenteil, es macht mir Spaß, Paare beim Liebesspiel zu beobachten und mich voyeuristisch in die Lage des Liebhabers zu versetzen. Was mich irritiert hat, war, dass der junge Mann über die Schulter seiner Geliebten hinweg, während er ihren zurückgebogenen Hals liebkoste, nach der an seinem Handgelenk befestigten Uhr schielte, einer Armbanduhr Marke *Swatch*, als habe er Angst, einen wichtigen Termin zu versäumen. Gleichzeitig fiel mir ein, dass das Verhalten des Mannes nicht zu beanstanden wäre, wenn es darum ginge, seinen kranken Vater gesund zu pflegen oder seinen Sohn von der Schule abzuholen, und ich dachte mir mögliche Konstellationen aus, die eine unmoralische zu einer moralischen Handlung machen: Lob der Dummheit, Lob der Stechmücken, Lob der Cholera heißen solche Aufsatzthemen, die Quintilian in seiner Rhetorik erwähnt. Bissula störte meine Kreise und riss mich aus meinen Betrachtungen mit dem Hinweis, im alten Rom habe man die Uhrzeit am Stand der Sonne oder an rinnendem Sand abgelesen; erst tausend Jahre danach hätten Schweizer Mechaniker das Uhrwerk erfunden und noch später eine Armbanduhr namens *Swatch* – ein Widerspruch, den ich, selbst wenn ich dies wollte, nicht befriedigend erklären kann.

SO SCHREIBEN WIE HIER UND JETZT (1)

10. Juni 2016. Gestern las Günter Herburger aus seinem Roman *Wildnis singend*. Ort: Die Wannseevilla des LCB, wo ich ihn, wenn mich nicht alles täuscht, vor fünfzig Jahren kennenlernte, als er bei der Gruppe 47 las. Er sieht aus wie die auf einem Andengletscher tiefgefrorene Mumie eines Inkafürsten, mit langen Haaren und Adlernase, alterslos oder schon lange tot, dabei quicklebendig, ein Literatur-Zombie, der als Ketschuafrau aus dem Altiplano im Roman wiederkehrt und über dem Allgäu niedergeht. Allgäu oder Altiplano, das ist die Frage, und genau das ist der Grund, warum ich sein mir übersandtes Manuskript unlesbar fand, krauser Unsinn, selbstreferenzielle Phantastik, Äther in Äther gemalt wie sein Roman *Jesus in Osaka*, wo nicht klar wird, ob er in Japan, Baden-Württemberg oder sonstwo spielt. Erlaubt ist, was gefällt, und *Wildnis singend* gefällt den Kritikern nicht trotz, sondern wegen der Narreteien des Autors, der, als sein Handy zu klingeln beginnt, die Lesung unterbricht und den Inhalt seiner Reisetasche, viel zu groß für die Fahrt zum Wannsee, besser geeignet für eine Reise nach Wladiwostok, auf dem Podium ausbreitet, bis der neben ihm sitzende Redakteur das klingelnde Handy geortet hat und seinem Besitzer reicht: »Hallo, ich bin's, nein, die Lesung ist noch nicht zu Ende, wir sind mittendrin, keine Sorge, alles in Ordnung, bis später dann!« Ein passendes Bild für den Kritiker als Dienstleister, der dem Autor zuarbeitet anstatt umgekehrt!

Bevor er von Prosa zu Gedichten übergeht, zündet Herburger sich eine Zigarette an, keine E-Zigarette, sondern eine richtige, sonst streng verboten, jetzt aber erlaubt, und verheddert sich in dem Wort Nibelungen, das sich wie eine Lassoschleife um seine Zunge wickelt. Der Sprachverlust verläuft umgekehrt proportional zum Spracherwerb und ähnelt dem Stammeln eines Alkoholikers: Ni - be - lun - gen.

Dass die vom Himmel gefallene Ketschuafrau, im Roman *Riesin* genannt, auf Herburgers behinderte Tochter verweist, braucht die Kritik nicht zu interessieren, weil Literatur keine Lebensbeichte ist, sondern weniger und mehr zugleich. Das ist nur scheinbar ein Paradox: Auch Rolf Dieter Brinkmann hatte ein behindertes Kind, das in seinen Gedichten nicht vorkommt, aber vielleicht erklärt gerade das seine reizbare Aggressivität!

15. Juni. Fußball-Europameisterschaft. Jedes Mal, wenn ein Tor fällt, stößt das Schwulenpaar in der Wohnung unter mir wilde Lustschreie aus. Fußball-Orgasmen: Torschüsse werden in Zeitlupe wiederholt.

16. Juni. Deutschland Polen 0 : 0. Draußen Grabesstille, weder Hupkonzert noch Flaggenparade zum Brandenburger Tor. Béla Rethy über das Dioskurenpaar Mats Hummels und Jérôme Boateng. »So wächst zusammen, was zusammengehört.« Armer Willy Brandt!

17. Juni. Seit einer Woche krank. Gliederschmerzen, Abgeschlagenheit, Appetitlosigkeit, Husten. Pollenallergie oder Bronchialkatarrh – die Symptome sind die gleichen.

Wenn ich das Ohr ans Kissen drücke, höre ich das Kraftwerk in meinem Kopf: Es poltert, zischt und pfeift wie ein unter Überdruck stehender Dampfkessel. Gestern Anruf Michel Maisgeier, der Krebs im fortgeschrittenen Stadium hat, Lungentumor mit Satelliten, wie er sagt. »Jede Todesart ist furchtbar, niemand geht lachend aus dem Leben.« Bei diesem Satz von Lars Brandt, den er am Telefon zitiert, überschwemmt ihn eine Welle von Selbstmitleid.

Schon vor zwanzig, dreißig Jahren, als es ihm noch gut ging, sah Maisgeier aus wie ein Gespenst, Fausts Alter Ego, der Geist, der stets verneint: »Das ist der Buch«, so stellte er mich damals Harry Mulisch vor, »ein Talent, das 1968 vor die Hunde ging...« Sein Freund Valentin Falin, der ihm in Kuba aus der Patsche half, hat Stalin persönlich gekannt und beschreibt den mordlüsternen Tyrannen als bescheiden, liebenswürdig und rührend besorgt um das Wohlergehen seiner Mitarbeiter. »Glauben Sie nichts von dem, was man im Westen über ihn schreibt – alles Lüge!«

»Die Welt ist, wie sie ist, weil du so bist, wie du bist.« Eine niederschmetternde Erkenntnis – unwiderlegbar wie die Behauptung, die Zahl der Wellen im Atlantik sei eine Primzahl!

Literatur als Kunst der Geisteskranken, von der nicht klar ist, ob sie in die Sammlung Prinzhorn, nach Walhalla oder nach Narrhalla gehört.

26. Juni. Mittagessen mit Michel Maisgeier im *Tavola Calda*, Leibniz/Ecke Niebuhr – nicht Mommsenstraße, wie ich irrtümlich annahm. Er sieht aus wie der lebende Tod, aber es ist unklar, worauf der Akzent zu legen ist, Leben oder Tod, denn im Lauf des Gesprächs taut er auf – trotz seines Tumors, der einen Zentimeter gewachsen ist, wie er sagt, und kriegt rote Backen, als er von Udo Lindenberg erzählt, der Honeckers Gunst gewann, indem er ihn Honni oder Honey nannte – *honi soit qui mal y pense* –, während Egon Krenz gegen den DDR-Auftritt des Rockstars gewesen sei: »Nur über meine Leiche!« Der Sozialismus habe keine Gegenwart, will Maisgeier gesagt haben, nur Vergangenheit und Zukunft, aber das war später, als er Helmut Kohl durch eine Ausstellung moderner Kunst in Moskau führte und überrascht war, dass Kohl die Nagelbilder von Uecker mochte. Das Verhältnis der Intellektuellen zur Staatsmacht sei schwierig, es gebe nur zwei ernst zu nehmende Intellektuelle unter deutschen Politikern, Friedrich den Großen und Helmut Kohl. Darauf Kohl wie aus der Pistole geschossen: »Wo steht das geschrieben? Wo haben Sie das her?« Er habe sich nie träumen lassen, habe Kohl mit Blick auf Maisgeier gesagt, von einem Westberliner Kommunisten durch eine Kunstausstellung geführt zu werden, noch dazu in Moskau! Pasta, Salat, Fleisch, Gemüse, Cappuccino – Maisgeier ist ganz der Alte und schwadroniert von Willy Brandt, von Valentin Falin, dem Rudolf Augstein eine Wohnung in Hamburg besorgte, vom beinamputierten Jewtuschenko (Raucherbein!), der in Tucson/ Arizona lebt, und von Heiner Müller, der eine Berliner Literaturagentin als IM-Geltungssucht bezeichnete, usf. *ad infinitum.*

26. August. »Als ich noch Igel hatte«: Mit diesen Worten – einer von Millionen möglicher Sätze, die so noch nie gesagt worden sind – beginnen Irmgard Borns Tiergeschichten, obwohl der infrage kommende Igel kein Haustier war, sondern durch den Garten stromerte und seine Schnauze witternd aus einem Erdloch steckte – oder war es ein Laubhaufen? –, sobald Bratenduft aus der Küche drang. Noch übergriffiger war ihr Truthahn, der mit einem Schnabelhieb ein Stück Torte von meinem Teller stibitzte; einmal stahl er einen Hasenrücken, den er blitzschnell vom Tisch abräumte und floh, von schnatternden Gänsen verfolgt, in einen Holunderbusch, wo die Köchin ihm den Braten entwand. Am Ende packte Irmgard den Puter am Schlafittchen und brachte ihn im Kofferraum ihres Mercedes zum Zoo, dessen Direktor sich weigerte, die Spende anzunehmen, weil er keinen Käfig frei hatte für das aggressive Federvieh. Erst als Irmgard vorschlug, ihn an Löwen zu verfüttern, hatte der Zoodirektor ein Einsehen.

Irmgards spektakulärste Tiergeschichte aber ist nicht das Pony, das beim Versuch, sich aus dem Stall zu befreien, auf einen Zaunpfahl gespießt verendete; auch nicht der Esel, der mit den Hufen auf einer Feuchtwiese festfror, bis eine Tierschützerin die Polizei rief. Sondern die das Gras abweidenden Kamerunschafe, deren Leithammel im Glas des Wintergartens sein Ebenbild erblickte: Er glaubte, einen Schafbock vor sich zu haben, der ihm seinen Harem streitig machte, nahm Anlauf mit gesenkten Hörnern, durchbrach zwei Glasscheiben in gestrecktem Galopp und fegte das Meißner Kaffeegeschirr vom Tisch. Haut und Fell hingen ihm in Lappen von Hals und Brust, und der Bock suchte, brüllend vor Schmerz, Zuflucht im Unterholz, wo es den Anwohnern erst nach Stunden mithilfe zweier Leitern gelang, das vom Blutverlust geschwächte Tier in die Enge zu treiben. Da der herbeigerufene Veterinär sich weigerte, tätig zu werden, musste Irmgard ohne Narkose die Wunde zunähen – ihre Tochter hielt den strampelnden Schafbock fest. Wie durch ein Wunder – hier stimmt die Redensart – hat der die Verletzungen überlebt.

Drei Titel von Büchern, die ich nie schreiben werde: Das Geschenk des Bäckers, Straße der Jugend, Alter Postweg.

21. September. Eigentlich wollte ich das Wort *Flatulenz* nachschlagen. Stattdessen stieß ich beim Durchblättern einer Literaturzeitschrift auf die Gedichtzeile: *das unaufhörliche schürfen / der nadel in presleyrillen*, die ich als Elvis-Fan direkt auf mich bezog. Und als sei das nicht genug, las ich einen Satz von Helmut Eisendle, der in Kurzform mein Leben und meine Arbeit resümiert: *Sie waren Romanfiguren in Romanen, die sie selbst verfassten.* Ja, so kompliziert ist das, Ahnung und Gegenwart planlos durcheinandergewürfelt, eine komplexe Gemengelage, Verwerfung heißt das Modewort dafür, und in dem blauen Notizbuch, das Ricardo Loebell mir in Santiago schenkte, fand ich das folgende, meinem Gedächtnis entfallene, im Halbschlaf in Haiti halluzinierte Gedicht:

UMGEKEHRTE OSMOSE

Parterre auf den Bergen
Dachterrassen am Meer.
Das Volk lärmt im Radio
Schlafender Mann in Schubkarre
unklar ob müde oder tot:
Aimez-vous ma conduite?

Santa Claus stiehlt Wertsachen
Die Polizei spielt sich selbst.
Ich bin die violette Flamme
die Feuersäule, die Gott liebt
grünes Leuchten über dem Meer:
Aimez-vous ma conduite?

Zum Schluss habe ich nachgeschaut unter *Flatulenz* und
stieß dabei auf *Garrulitas vulvae* – Geschwätzigkeit der
Vulva, die ihre Geheimnisse nicht für sich behalten
kann, von Diderots *Indiskreten Kleinoden* bis zu den
Feuchtgebieten der Charlotte Roche.

22. September. Herbst am Schlachtensee: Silbrig blitzende
Fische flitzen über die Wasseroberfläche, auf Mücken-
jagd oder auf der Flucht vor einem Raubfisch – wer
weiß?

24. September. Sonnige Tage – einer schöner als der
andre. Ich sitze im Gartencafé, von Wespen umschwärmt,
die jetzt aggressiver sind als im Sommer. Mit rudernden
Armen setzen sich die Gäste zur Wehr. Ich frage die Frau
an der Kuchentheke, ob sie keine Angst hat, gestochen

zu werden. »Kein Problem, die wollen nur Süßes!« –
»Das Süße sind *Sie*!« – »Hören Sie auf!«

Maisgeier heißt in Wirklichkeit anders, aber ich habe den
Namen geändert, weil er ein begnadeter Gabelstapler,
nein Hochstapler ist, der Felix Krull blass aussehen lässt.
Auf Pressefotos ist er mit Michail Gorbatschow zu sehen
oder mit Fidel Castro, den er mit seinem Bruder ver-
wechselte; nimmt man eine Lupe zur Hand, erkennt
man ihn beim Treffen der Großen Drei in Potsdam, wo
er wie Zelig im Woody-Allen-Film Stalin über die Schulter schaut. Maisgeiers langer Arm reicht bis nach Ost-
timor, wo er eine Privataudienz bei Erzbischof Belo für
mich arrangiert hat. Obwohl bekennender Atheist, ruft
er mich von Zeit zu Zeit aus dem Jenseits an und zitiert
ein Gedicht über den Galgenstrick der Revolution, an
dem ich im Wind schaukle: Kein Wunder, dass die Par-
teigruppe, mit der er Kuba besuchte, ihn hochkant ins
Schwimmbecken warf.

25. September. Der Kampf um Troja dauerte zehn Jahre:
eine endlos lange Zeit, so schien es mir als Kind. Doch
im Rückblick von heute war der Trojanische Krieg nur
ein Wimpernschlag. Und ich? Seit fünfzig Jahren belage-
re ich die Festungen des deutschen Literaturbetriebs –
ohne Erfolg. Nicht mal ein Vorwerk oder eine Redoute
habe ich eingenommen, geschweige denn das Haupttor
durchbrochen und die Festungswälle geschleift. Trotzdem sattle ich stets aufs Neue meine Rosinante, um gegen die Festung anzurennen und mir an den Mauern die
Stirn blutig zu schlagen, statt umzusteigen auf ein höl-
zernes Pferd. Doch das ist leichter gesagt als getan.

WEIT WEG UND LANGE HER

1

Mein Name ist Su Dongpo, und ich bin mehr als tausend Jahre alt: Nicht, weil ich das Elixier des ewigen Lebens entdeckte – wie Doktor Faust betätigte ich mich als Alchemist und versuchte, aus Quecksilber Gold zu machen –, sondern aus einem anderen Grund. Schon zu meinen Lebzeiten gingen meine Gedichte von Hand zu Hand, wurden mündlich weitergegeben, geflüstert oder gesungen, auf Bambustafeln oder in Felswände geritzt, in Stein gehauen und auf Papier abgerieben, denn in China war der Buchdruck schon erfunden, als Europa noch auf Bärenfellen lag und auf Kuhhäute schrieb. Jedes Mal, wenn der Kaiser die Essstäbchen anhielt und einen Bissen fallen ließ auf dem Weg zum Mund, so sagte man, war er dabei, einen von mir verfassten Text zu lesen. Kein Wunder, dass die Regierung meine Schriften verbot und ihre Verbreitung unter Strafe stellte. Trotzdem oder gerade deshalb wurden sie umso eifriger abgeschrieben, und die Zensur trug mehr zum Bekanntwerden meines Namens bei als Werbung und Propaganda – zwei Übel, die es damals schon gab.

Ich heiße Su Dongpo, wie gesagt, und die Spur meiner Erdentage wird in Äonen nicht untergehen, wie ein mir seelenverwandter Dichter schrieb. Ich war und bin ein Renaissancegenie wie Michelangelo und Leonardo da

Vinci, Dichter, Maler, Geschichtsschreiber, Arzt, Architekt, Ingenieur und leider auch Politiker: Ich habe Dekrete erlassen, Finanzen verwaltet, Straftäter verurteilt, Flüsse eingedeicht und Kochrezepte ersonnen, um die Deichbauer zur Arbeit anzuspornen, habe Heilkräuter gesammelt, Seuchen bekämpft und Krankheiten geheilt, war mit Kaisern und Konkubinen, Eunuchen und Eremiten per Du, und die Historiker streiten sich bis heute, ob ich ein buddhistischer Bonze war oder ein der Welt entsagender Taoist, ein machtgeiler Mandarin, ein Schürzenjäger oder ein Trunkenbold, nichts von all dem oder alles zugleich? Sicher ist nur, dass ich wirklich gelebt habe, von 1037 bis 1101 christlicher Zeitrechnung, und dass zu meinen Lebzeiten Heinrich IV. vor Papst Gregor VII. kniete, Wilhelm der Eroberer England und Gottfried von Bouillon Jerusalem eroberte, um nur diese Eckdaten zu nennen, die in Europa jedes Schulkind, in China aber, damals wie heute, kaum einer kennt.

Ich bin ein Renaissancemensch, wie gesagt, obwohl das Rinascimento in weiter Ferne lag und Michelangelo noch nicht einmal geboren war, als ich starb. Aber in China ist immer Renaissance, weil das Reich der Mitte nach jedem Dynastiewechsel und jeder Barbareninvasion, nach jeder Adelsrevolte und jedem Bauernkrieg wie ein Phönix aus der Asche neu auferstand. Der Vogel Phönix symbolisiert Langlebigkeit wie der Kranich und die Schildkröte, während der Drache für Kraft und Schläue steht und mit den Wendungen seines Körpers den Lauf der Flüsse und Gebirge, aber auch die Gehirnwindungen nachvollzieht: Ich weiß, wovon ich rede, denn ich habe den Leichenöffnungen Hingerichteter beigewohnt, um die Lage und Beschaffenheit der menschlichen Organe mit eigenen Augen zu sehen.

2

In China macht jede neue Dynastie *tabula rasa*, um die Erinnerung an ihre Vorgänger aus dem Gedächtnis zu tilgen. Schon vor Erfindung des Buchdrucks ließ der Gelbe Kaiser Dichter und Gelehrte lebendig begraben und deren Schriften verbrennen, und die Errichtung der Großen Mauer zur Abwehr der nördlichen Barbaren war ebenso sein Werk wie das Verbot aller vor seiner Thronbesteigung gedruckten Texte. Mauerbau und Bücherverbrennung gehören eng zusammen, weil die Zerstörung und Bewahrung einer Kultur zwei Seiten derselben Sache sind. Es gibt eine Anthologie der verbrannten Bücher der Chin- und Han-Dynastie, aus der man mehr über das alte China erfährt als aus den Analekten des Konfuzius. So besehen hatte ich Glück, denn als ich geboren wurde, wurden missliebige Dichter und Gelehrte nicht mehr lebendig begraben, sondern in entlegene Provinzen verbannt – Verwaltung durch Literaten nannten westliche Beobachter dieses Regierungssystem.

Ich hatte Glück, wie gesagt, denn die Tang-Dynastie hatte geniale Dichter hervorgebracht wie Du Fu und Li Bai, mit denen ich nicht hätte konkurrieren können. Doch das Reich hatte sich überdehnt, die Kulturblüte endete im Chaos unter dem Druck des inneren wie äußeren Feinds, und das Zusammenspiel der Feinde besiegelte das Schicksal der Dynastie.

Die Song-Kaiser lernten aus Fehlern und Versäumnissen der Vergangenheit; sie strafften die Zügel und setzten Kontrollinstanzen auf allen Ebenen ein, ohne die Literatur zu vernachlässigen, der China den inneren Zusammenhalt und seine äußere Geltung verdankt. Der Einstieg in die Beamtenkarriere führte durchs Nadelöhr des Staatsexamens; Gedichte und Essays galten als Befähigungsnachweis für höhere Ämter, und der Kaiser wie auch seine Minister übten sich in der Dichtkunst: Optimale Bedingungen für einen Schreiberling wie mich, der alle Register zog, um sich Gehör zu verschaffen.

3

Ich stamme aus Sichuan, der chinesischsten aller Provinzen, berühmt für ihre Kochkunst und paradiesische Landschaft, und kam in Meishan zur Welt, an der Mündung des Min-Flusses in den Jangtse, auf halbem Weg zwischen Chongqing und Chengdu, wo ein in den Fels gehauener Buddha die Reisenden begrüßt, die sich auf von Treidlern gezogenen Dschunken flussaufwärts bewegen. Mein Großvater war Analphabet, mein Vater Gerichtsschreiber, und mein jüngerer Bruder Su Zhe ist als Dichter in die Literatur eingegangen, obwohl oder weil er zwar charakterfester, aber weniger begabt war als ich. Mein Großvater liebte Wein, Weib und Gesang und vererbte mir den Hang zur Leichtlebigkeit, während mein Vater wegen seiner Dickköpfigkeit verehrt und gefürchtet wurde. Als er beim Examen durchfiel, weigerte er sich, die Prüfung zu wiederholen, und bestand darauf, ungeprüft in den Staatsdienst übernommen zu werden, während Su Zhe und ich die Prüfung im ersten Anlauf schafften: Mein Bruder erfüllte alle notwendigen Kriterien, und meine Abweichungen von der offiziellen Linie fanden Beifall am Hof, weil der Kaiser die Mandarine dazu aufgerufen hatte, Missstände zu benennen und offen zu kritisieren. Seitdem wurden und werden die Namen der drei Sus – Su Xun, Su Zhe und Su Shi, so heiße ich offiziell – in einem Atemzug genannt. Trotzdem oder gerade deshalb – zwei Konjunktionen, die fast das Gleiche bedeuten – empfahl Ouyang Xiu, der Berater des Kaisers, mich in die Provinz abzuschieben, um mir dort meine Sporen zu verdienen und die Hacken abzulaufen – beides kommt auf dasselbe heraus.

Fern der Heimat, in Kaifeng, damals noch Hauptstadt der Song-Dynastie, erhielt ich die Nachricht vom Tod meiner Mutter, die aus Kummer über den Weggang ihres Mannes und ihrer Söhne verstarb. Nach der vorgeschriebenen Trauerzeit verfügte ich mich an meinen Dienstort Fengxiang am Oberlauf des Hoangho, südlich der Großen Mauer, die das Reich der Mitte vor Einfällen nördlicher Barbaren schützt.

4

Bevor ich fortfahre, meinen Werdegang zu beschreiben und die Stationen meines Lebenswegs zu schildern, schalte ich eine Betrachtung über die Dichtkunst im Allgemeinen und mein Talent im Besonderen ein, das mich schon früh über die Grenzen meines Vaterlands hinaus bekannt machte. Literatur ist wie Gold und Jade, schrieb ich einmal – ihr Wert ist nicht gekoppelt an steigende oder fallende Preise. Ich dichtete, wie das Gras wächst, die Wolken ziehen und das Wasser fließt, ohne endlos über meinen Versen zu brüten, die ich der ersten Eingebung folgend zu Papier brachte. Die Schaffensqualen minderbegabter Dichter kenne ich nur vom Hörensagen, und keins meiner Gedichte wurde durch Korrekturen verschlimmbessert, wie die folgende Episode zeigt. Bei einem Abschiedsbankett in Huangzhou bat mich eine stadtbekannte Kurtisane, ein Gedicht auf ihren Fächer zu malen. Ich forderte sie auf, Tusche zu reiben, tunkte den Pinsel ein und schrieb einen Doppelvers: »Seit vier Jahren lebt Su Shi in Huangzhou / komisch, dass er Li Qi nicht erwähnt.« Dann wandte ich mich den Speisen und Getränken zu. Nach dem Essen kam die Kurtisane zu mir und bat mich, das Gedicht zu Ende zu schreiben – der Anfang klang vielversprechend. »Fast hätte ich es vergessen«, sagte ich lachend, »gut, dass du mich daran erinnerst!« Ich griff zum Pinsel und schrieb, ohne lange nachzudenken, die Fortsetzung: »So wie Du Fu am Westsee: / Begonien, die schönste der Blumen, besang er nie.« Auf diesem Weg ging mein Gedicht in die Literaturgeschichte ein und wird noch heute als Preislied weiblicher Schönheit auf Festbanketten deklamiert.

Hier ist ein weiteres Paradox zu konstatieren: Meine besten Jahre waren die, als ich am Hof in Ungnade fiel und in der Verbannung lebte – fern der Hauptstadt schrieb ich die schönsten Gedichte. Die schwierigste Zeit aber kam, als die Partei, der ich angehörte, die Macht im Staat errang und die Kaiserin mich mit Beweisen ihrer Gunst überhäufte. Ich zahlte Lehrgeld, bevor ich die

Kunst erlernte, mich der Verantwortung zu entziehen und *Nein* zu sagen zu mir angetragenen Ämtern und Würden. Dadurch stieß ich meine Förderer vor den Kopf und fiel erneut in Ungnade, und es ist kein Zufall, dass der Streit um meine angebliche Arroganz, meine Irrtümer und Fehler auch nach meinem Ableben weiterging. Erst 1170, ein Menschenalter nach meinem Tod, beendete der Thronfolger den Disput mit einem Dekret, in dem er mir den Titel *Großer Lehrmeister des Kaisers* verlieh. Der Text, der allen Ausgaben meiner Werke voransteht, hat folgenden Wortlaut:

»Auf Befehl des Kaisers: Anknüpfend an die Traditionen der hundert Weisen und der sechs Klassiker ehren wir einen großen Lehrmeister der Vergangenheit. Da es nicht mehr möglich ist, ihn persönlich anzusprechen, haben wir die Werke konsultiert, die er uns hinterließ, und ernennen ihn postum zum Lehrer des Kaisers und Wortführer der Gelehrten. Der verstorbene Su Shi war Erziehungsminister und Ratgeber bei Hofe und zeichnete sich ebenso durch aufrechte Gesinnung aus wie durch seinen hochstrebenden und zugleich tiefschürfenden Geist. Su Shis Wissen war allumfassend wie das Meer und seine Ratschläge waren hell und klar wie ein Gong oder Glockenton. Seine Beredsamkeit ähnelte der von Meng Zi, und seine Weisheit steht der des Konfuzius nicht nach. Wir staunen über seine Genialität und sind schockiert angesichts der Leiden, die Gegner und Widersacher ihm zufügten. Er wurde hinter Berge und Meere verbannt, blieb aber stets der bescheidene Gelehrte, der er bei Hofe gewesen war, erforschte Geschichte und Gegenwart und sann über die Gesetze des Universums nach. Wir bedauern es, ihn nicht zu Lebzeiten gekannt zu haben, als er seine Lehren verbreitete, und in der Hoffnung, dass sein unsterblicher Geist aus unterirdischen Quellen hervortritt, bitten wir ihn, unsere Gunst zu akzeptieren. Hiermit ernennen wir Su Shi zum Lehrmeister des Kaisers. Die ihm früher verliehenen Titel bleiben davon unberührt.«

5

Nachträglich scheint es mir, als hätte ich mich zeit meines Lebens mit Wasser beschäftigt: Meine Gedichte fließen wie Wasser oder erzählen vom Wasser; die Häuser und Pavillons, in denen ich Wein oder Tee trank und Gedichte schrieb oder rezitierte, waren ans Wasser gebaut, ebenso wie die Eremitenklausen, Paläste und Pagoden, in deren Mauern ich Verse ritzte. Und meine Aufgabe als Ingenieur und Gouverneur war, Flüsse und Seen einzudeichen, um Überschwemmungen zu verhindern, oder Kanäle und Schleusen anzulegen, um Wasser dorthin zu leiten, wo es fehlte, oder einzudämmen, wenn es mehr schadete als nutzte, denn überall, wo ich hinkam, gab es entweder zu wenig Wasser oder zu viel.

Die Berghänge rund um Fengxiang, meinen neuen Dienstort, waren seit Jahrhunderten terrassiert, aber als ich dort eintraf, herrschte eine katastrophale Dürre. Seit einem Jahr hatte es nicht mehr geregnet, die Reisfelder lagen brach, das Getreide verdorrte am Halm, und weder Opfergaben noch Gebete führten eine Trendwende herbei. Meine erste Amtshandlung bestand darin, den Taibai-Berg zu besteigen, auf dessen Gipfel, im Teich eines taoistischen Klosters, der Regengott residierte. Ich machte ihm klar, wie widersinnig er sich benahm, indem er den Tälern den für die Ernte nötigen Regen vorenthielt. Damit schnitt der Regengott sich ins eigene Fleisch, denn solange die Menschen hungerten, konnten sie ihm keine Opfer darbringen. Erst kürzlich hatte der Kaiser ihn zum Grafen der Song-Dynastie ernannt, und im Gegenzug war der Regengott verpflichtet, für Niederschläge zu sorgen. Ich bot all meine Beredsamkeit auf, aber nichts geschah, und das Volk murrte, weil ich es nicht geschafft hatte, den Gott zur Vernunft zu bringen.

Bei der Suche nach Ursachen der Wasserknappheit stieß ich im Tempelarchiv auf ein vergilbtes Dokument, aus dem hervorging, dass ein Kaiser der Tang-Dynastie den Regengott zum Herzog ernannt hatte. Jetzt erschien sein Verhalten in neuem Licht, denn die Ernennung zum Grafen kam einer Degradierung gleich. Ich schickte einen Boten in die Hauptstadt mit der dringenden Empfehlung, den Regengott zum Fürsten zu befördern. Der Kaiser entsprach meiner Bitte, und ich verfügte mich persönlich zum Stadttor, um die gute Nachricht zu überbringen. Die Räte der Stadt, Abgesandte aller Stände und Vertreter der Bürgerschaft gaben mir das Geleit, und als ein vom Berg herabgestiegener Priester mich mit heiligem Wasser besprengte, stieg Nebel am Horizont auf, ballte sich zusammen und bäumte sich auf wie ein springendes Pferd. Donner war zu hören, der wie Hufgetrappel klang, und aus niedrig ziehenden Wolken strömte Regen, der die Felder bewässerte und die Grashalme ihre Köpfe heben ließ.

Als Dank an den Regengott legte ich in meinem Garten einen Teich an und ritzte ein Gedicht in die Dachtraufe meines Teepavillons, das noch heute Besuchern gezeigt wird. Es heißt *Am Tag, als der Regen kam*, wurde als Gassenhauer populär und wanderte auf der Seidenstraße gen Westen, wo es auf Festivals reüssierte und Goldene Schallplatten gewann. Doch das war nach meiner Zeit.

Ich werde oft gefragt, ob ich an Geister und Dämonen glaube: Die Antwort ist ja. Nicht nur Shakespeare, auch Goethe glaubte an ihre leibhaftige Existenz, und Goya hat Hexen und Teufel gemalt. (Wie der Leser sieht, habe ich mich weitergebildet nach dem Tod.) Auch Geister und Dämonen sind für Argumente zugänglich und kehren, wenn man vernünftig mit ihnen spricht, auf den Pfad der Tugend zurück.

6

Ich blieb drei Jahre in Fengxiang: So lange dauerte es, bis man mich vom Ersten Sekretär des Magistrats zum Stellvertreter des Gouverneurs beförderte, weil ich jeden mir erteilten Auftrag pünktlich erledigte. Ich machte kaiserliche Dekrete bekannt, war Beisitzer in Gerichtsverhandlungen, wo ich Strafen verhängte oder erließ, kontrollierte Steuern und Abgaben und verfasste Berichte und Memoranden, die der Gouverneur gegenzeichnete, bevor sie in die Hauptstadt abgingen. Man war zufrieden mit mir, aber meine Arbeit langweilte mich, und ich legte wenig Enthusiasmus an den Tag. »Was ist das für ein Leben?«, schrieb ich meinem Vater nach Kaifeng. »Wer ein Amt innehat, fürchtet sich, es zu verlieren, wer keins hat, wünscht sich, ein Amt zu bekommen. Doch wer wird es wagen, über den Dienst für den Kaiser zu klagen? Das Volk schuftet bis zum Umfallen. Frauen und Kinder hungern, und die Arbeiter bekommen so schlechtes Essen, dass man sich schämt. Ihr Hunger wird nie gestillt, und sie verdienen nicht genug, um ihre Familien zu ernähren. Ich hoffe, mein Kahn ist aus hartem Holz geschnitzt, damit er nicht an der erstbesten Klippe zerschellt.«

Wann immer es möglich war, stahl ich mich aus der Schreibstube fort und durchstreifte die umliegenden Berge: Vom Stammsitz der Zhou-Dynastie in der Schwarzwasserschlucht bis zu den Hügeln von Xian, wo der Gelbe Kaiser begraben liegt. Ich hatte Heimweh und sehnte mich nach meinem jüngeren Bruder, den die Regierung in die nördliche Hauptstadt versetzt hatte. Damingfu lag fünfhundert Li von Fengxiang entfernt, und Su Zhe schickte mir jeden Monat einen Brief, getreu dem Versprechen, uns nicht aus den Augen zu verlieren. Ich antwortete mit Gedichten, in denen ich seine Formulierungen aufgriff, wie im folgenden Text die Worte *Westen* und *Schnee*: »Womit lässt sich das Leben der Menschen vergleichen? / Mit der Fährte einer Wildgans im Schnee. / Wir sehen den Abdruck ihrer Füße, / doch die Wildgans fliegt weiter von Ost nach West.«

Die Nachricht vom Tod unseres Vaters erreichte Su Zhe und mich auf der Rückreise in die Hauptstadt, wo man unsere Arbeit einer periodisch fälligen Revision unterzog. Wie damals üblich, baten wir um Urlaub und machten uns auf den Weg nach Meishan mit dem in Tücher gehüllten Leichnam des Vaters im Gepäck. Die Flussfahrt, mitten im Winter, dauerte sechs Wochen, und erst im April 1067 betteten wir den Verstorbenen in das Familiengrab, das er für sich und unsere Mutter errichtet hatte. Freunde und Verwandte brachten Geschenke, und am Sarg wurde Papiergeld verbrannt, während ich den Grabhügel mit Pinien bepflanzte in der Hoffnung, dass ein Wald daraus würde. Es war ein Abschied für immer. Weder Su Zhe noch ich ahnten, dass wir die Gräber unserer Eltern nie wiedersehen würden. Damals schrieb ich das folgende Gedicht: »Vor langer Zeit gingst du / vom Leben in den Tod. / Seitdem kein Wort mehr von dir / keine Nachricht / und doch vergessen wir dich nicht. // Unmöglich am Grab zu opfern / tausend Li entfernt. / Wenn wir uns wiedersehen / was wirst du sagen / zu meinem grauen Haar, den Runzeln in meinem Gesicht? // Letzte Nacht träumte ich / von der Rückkehr ins Elternhaus. / Du saßt am Familientisch / und mit tränenden Augen / sahst du mich an. / Mit gebrochenem Herzen / nehme ich Abschied von dir / bei Mondschein im Pinienhain.«

7

Nach Ablauf der zweijährigen Trauerzeit meldete ich mich zum Dienst zurück. Aber halt, fast hätte ich das Wichtigste vergessen, eine Freudsche Fehlleistung – den Ausdruck gab es noch nicht, die Sache aber sehr wohl, denn fast zeitgleich mit unserem Vater starb meine Frau. Habe ich überhaupt erwähnt, dass ich verheiratet war? Noch eine Fehlleistung, die tief blicken lässt! Wie vorgeschrieben heiratete ich nach dem Staatsexamen ein Mädchen aus guter Familie, das neun Monate später einen Sohn gebar. Das Eheglück war vollkommen, doch der Leser geht nicht falsch in der Annahme, dass hier etwas nicht stimmt. In Wahrheit liebte ich meine Cousine, mit der ich als Kind gespielt hatte, doch wir durften nicht heiraten, weil sie der väterlichen Linie entstammte – die Ehe mit einer Blutsverwandten hätte Schande über uns gebracht. Im Übrigen hatte ich keinen Grund zu klagen: Meine Frau schenkte mir nicht nur einen Sohn – sie beriet mich bei den Amtsgeschäften, massierte meine müden Glieder und wärmte Wein für mich auf, um meine Lebensgeister zu wecken, wenn ich frustriert von der Arbeit kam. Wir haben uns geliebt, und als sie mit sechsundzwanzig viel zu früh starb, schrieb ich eine Trauerode, die Leser meiner Gedichte vor schwer lösbare Rätsel stellt, weil sich der Text ebenso auf den Tod meiner Frau wie auf die Cousine bezog, deren Namen ich hier nicht nennen darf:

»Beschämt, weil ich die Frühlingsblüte versäumte / sehe ich das bunte Laub am Früchte tragenden Ast. / Gedenke meiner mit Nachsicht, wenn ich alt und schusslig bin / in deiner Nähe habe ich die schönsten Stunden verlebt. / Früher torkelte ich betrunken durch Jadehallen am Morgen, / jetzt bewundere ich den Goldschmuck am herbstlichen Zweig. / Mit Hacke und Schaufel grabe ich Erdschollen um / und warte auf dich im Paradies.«

Ein rätselhafter Text, wie gesagt, der den Verehrern meiner Dichtung eine harte Nuss zu knacken gibt. Meine wahren Gefühle brachte ich erst Jahre später zum Ausdruck, als ich, nach Hangzhou verbannt, die Nachricht vom Tod meiner Cousine erhielt. Ich fühlte mich, als habe man mir ein Messer ins Herz gestoßen, kehrte das Gesicht zur Wand und heulte die ganze Nacht. Das ist nur die halbe Wahrheit, denn bald danach heiratete ich die jüngere Schwester meiner Frau, die ich als Kind auf der Schulter getragen und wegen ihrer Wildheit bewundert hatte. Weil sie zur weiblichen Linie gehörte, war das keine Mesalliance.

8

Früher oder später bringt jede Dynastie einen Verrückten hervor, der alles umkrempelt, China vom Kopf auf die Füße stellt, und, ohne es zu wollen, die Grundlagen des Staates zerstört. Das klingt komplizierter, als es ist, denn alle Eroberer und Usurpatoren wurden irgendwann sinisiert, sprich zivilisiert, und kehrten vom Kriegspfad auf den Pfad der Tugend zurück. Damit ist der Konfuzianismus gemeint, der durch *checks and balances* das Leben des Volkes erträglich macht.

Der eingangs erwähnte Verrückte bin ich, oder ich hätte es werden können, wäre mir nicht mein bester Freund zuvorgekommen und hätte mich vor dem Absturz bewahrt. Wörter wie Kapitalismus und Kommunismus, Stalinismus oder Maoismus gab es noch nicht, weltfremde Fanatiker, die zur Durchsetzung ihrer Ideen Völker und Staaten zugrunde richten, aber sehr wohl. Der Name meines Freundes war Wang Anshi, und er rächte sich an den konfuzianischen Gelehrten, die seine Gedichte für unlesbar erklärten, indem er ganz China in Aufruhr versetzte. Die Gelegenheit dazu bot sich, als der Kaiser ihn zum Berater ernannte und trotz meiner Warnungen zum Premierminister berief. Eine Kultur zu zerstören geht schneller, als sie wiederaufzubauen – Maos Kulturrevolution war und ist ein warnendes Beispiel dafür. Doch die Wahrheit ist konkret, und statt fragwürdige Vergleiche zu ziehen, möchte ich die äußere Erscheinung meines Freundes schildern.

Wang Anshi war schlank und groß, aber er hatte ein hässliches Gesicht. Die eckige Kinnlade und die Falten auf der Stirn verrieten sein jähzorniges Temperament. Er wusch und kämmte sich fast nie, aber die Frauen liebten ihn trotz seiner schmutzigen Kleidung und seines Körpergeruchs, allen voran seine Ehefrau, die fett und unansehnlich war. Als sie sich über die Achtlosigkeit ihres Gatten beklagte, erklärte der, dass er nichts für sie empfand. Daraufhin heuerte sie eine Kurtisane an, um ihn die Freuden der Liebe kosten zu lassen. »Wer bist du, wer hat dich ins Haus gelassen?«, sagte Wang Anshi beim Anblick der vor seiner Schlafzimmertür wartenden Kurtisane. Und als er hörte, dass seine Frau sie bestellt habe, setzte er sie an die Luft. In ihrem Kummer wandte Wang Anshis Gattin sich an mich und wollte wissen, womit sie ihren Mann erfreuen könne. »Mit Hirschbraten vielleicht«, sagte ich, denn bei einem Bankett hatte ich beobachtet, wie er ein Wildgericht mit gutem Appetit verzehrte. »Er leert jeden Teller, der vor ihm steht, ohne den Blick von den Akten zu nehmen, die er beim Essen studiert«, sagte seine Frau. »Schalen und Schüsseln außerhalb seiner Reichweite nimmt er nicht wahr.«

Wang Anshis Benehmen passte eher zu einem zerstreuten Professor als zu einem Aufwiegler, der mit zügellosen Reden und Schriften die Fundamente des Staates untergräbt. Doch auch das stimmt so nicht, weil der Angriff auf die bestehende Ordnung nicht von außen kam, sondern aus dem innersten Zirkel der Macht.

9

Ich glaube nicht, dass Wang Anshi, um Aufmerksamkeit zu erregen, auf Körperpflege verzichtete, aber es trug zur Legendenbildung bei, dass er ihm angebotene Ämter ablehnte, weil er keine Vorgesetzten ertrug und lieber in der Provinz versauerte, wo er Hecht im Karpfenteich war. Dort soll er gute Arbeit geleistet und das harte Los der Bauern durch Kredite erleichtert haben. Seine Stunde kam, als Kaiser Renzong starb, ohne die Nachfolge geregelt zu haben. Der Kronprinz war ein Bewunderer Wang Anshis; seine Lehrer hatten ihn in dessen Geist erzogen, und nach seinem Amtsantritt lud er ihn in den Kaiserpalast ein. Wang Anshi zögerte den Termin hinaus. Er schützte Unwohlsein vor und bestand auf einer Audienz unter vier Augen, ohne Minister und Sekretäre. Erst als er die Genehmigung erhielt, frei zu sprechen, ohne Rücksicht auf Rang und Protokoll, kam er in den Palast.

»Ich habe viel von Ihnen gehört«, sagte Shenzong, »und möchte in Ruhe mit Ihnen reden. Setzen Sie sich.«

»Majestät herrschen über ein großes Reich«, mit diesen Worten begann Wang Anshi sein Plädoyer. »Aber die

Staatskasse ist leer, weil Ihr Vorgänger unvorteilhafte Verträge geschlossen hat. Statt Tribute einzutreiben, wiegen Sie das Wohlverhalten der Barbaren mit Silber auf. Früher war das anders.«

»Jede Dynastie macht Fehler«, sagte Kaiser Shenzong, »und es gibt schlechte Ratgeber wie zur Zeit von Yao und Shun.«

»Richtig«, sagte Wang Anshi. »Aber Yao und Shun durchschauten ihre Machenschaften und töteten die Übeltäter. Ohne hartes Durchgreifen geht das Reich vor die Hunde.«

Der Kaiser war beeindruckt. Er war erst zwanzig und wollte wie Yao und Shun als Held in die Geschichte eingehen. »Was schlagen Sie vor?« Wang Anshi erläuterte dem Herrscher seinen Plan, China vom Kopf auf die Füße zu stellen durch einen Katalog von Maßnahmen, die er als Provinzgouverneur erprobt hatte. Es ging um die Umverteilung des Reichtums von oben nach unten mit dem Ziel, den Wohlstand des Volkes zu mehren und die Staatskasse zu füllen: Eine *Win-win*-Strategie – diesen Ausdruck hat Wang Anshi in seiner Unterredung mit dem Kaiser erstmals benutzt.

»Und was geschieht mit den nördlichen Barbaren?«

»Nichts einfacher als das, Majestät: Sie führen die von Ihrem Vorgänger abgeschaffte Wehrpflicht wieder ein, und um die Unzufriedenheit zu dämpfen, erlauben Sie reichen Familien, ihre Söhne vom Kriegsdienst freizukaufen. Auf diesem Weg fließt Geld in die Staatskasse zum Anwerben von Rekruten. Das Heer marschiert an die Grenze und stellt die Barbaren vor die Alternative, Tribut zu zahlen in Form von Frauen und Pferden oder von der Landkarte radiert zu werden.«

»Sie verlangen viel! Ich muss mich mit meinen Ministern beraten.«

In diesem Fall, sagte Wang Anshi mit Zornesfalten auf der Stirn, ziehe er seinen Vorschlag zurück. Es handle sich um eine Abkehr von der bisherigen Politik, die nicht von Bedenkenträgern zerredet werden dürfe. Auf allen Stufen der Hierarchie, von der Spitze des Staates bis zur Dorfebene, gäbe es korrupte Machthaber und unfähige Beamte, und er brauche außerordentliche Vollmachten, um deren Widerstand zu brechen.

Der Herrscher erbleichte. In diesem Ton hatte noch niemand mit ihm geredet. Er zögerte, denn seine Berater sprachen sich gegen radikale Reformen aus. Trotzdem oder gerade deshalb berief Shenzong ihn zum Premierminister.

10

Es kam, wie es kommen musste. Die Bauern nahmen Kredite auf, um Saatgut zu kaufen, und im Herbst zahlten sie die Kredite mit zwanzig Prozent Zinsen zurück – wenn es mehrere Ernten gab, sogar mit dreißig Prozent. Der Staat kaufte Reis und Getreide, um Zwischenhändler auszuschalten, die sich auf Kosten der Bauern bereicherten. Im ersten Jahr ließ alles sich gut an, doch im Jahr darauf gab es Starkregen, der die Felder unter Wasser setzte, und eine katastrophale Dürre danach. Die Zwischenhändler hatten flexibel auf Angebot und Nachfrage reagiert, die Regierung aber setzte ein Heer von Bürokraten in Marsch, die jede Zaunlatte und jeden Dachbalken registrierten – unter ihnen bestechliche Beamte, die in die eigene Tasche wirtschafteten. Die Armee war verunsichert, weil Unklarheit herrschte, ob die Wehrpflicht abgeschafft oder wiedereingeführt worden war. Trotzdem brachte das Heer des Kaisers den Barbaren empfindliche Niederlagen bei. Beim nächsten Feldzug aber hatten sie dazugelernt und lockten die Armee in die Falle; statt Tribut einzunehmen, mussten wir Gefangene freikaufen. Rekruten hackten sich die Finger ab, um dem Kriegsdienst zu entgehen, und die Gefängnisse quollen über von Deserteuren, zu denen sich säumige Schuldner gesellten, die Kredite nicht abzahlen konnten. Falsche Propheten sagten Missernten voraus, die Verbreitung von Gerüchten wurde unter Strafe gestellt, und die Hauptaufgabe der schnell wachsenden Bürokratie bestand darin, Hiobsbotschaften in Erfolgsmeldungen umzufälschen. Die Zinsen wurden erhöht, die Bauern schlachteten das Vieh, zündeten die Reisfelder an und verkauften ihre Frauen und Kinder in die Sklaverei.

Wang Anshi glaubte, der Misserfolg der Reformen sei auf seine Gegner zurückzuführen, die heimlich oder offen seine Maßnahmen boykottierten. Der aus der Tang-Dynastie überlieferten Liste von Volksfeinden fügte er vier neue hinzu: rechte Elemente, schlechte Elemente, Machthaber, die den kapitalistischen Weg gingen, und stinkende Intellektuelle. Wer nur seinen Posten verlor, konnte von Glück reden; und wer Wang Anshi widersprach, wurde verhaftet oder als Geisel zu den Barbaren geschickt.

Die Berater des Kaisers äußerten Zweifel an der Richtigkeit des eingeschlagenen Weges, doch dank seiner Überredungskunst gelang es ihm, den Herrscher auf seine Seite zu ziehen. »Nichts wird sich ändern«, sagte Wang Anshi, »solange jeder Bewohner des Landes reden und schreiben darf, was er will, ohne die Regierung um Erlaubnis zu bitten. Das Denken des Volkes muss vereinheitlicht werden.« Er zog sich in ein Kloster zurück und schrieb in der Rekordzeit von vier Wochen einen Kommentar zu den Schriften der Klassiker, der zur Pflichtlektüre bei Hofe, in allen Amtsstuben und Schulen des Reiches wurde.

Wang Anshi war noch immer mein Freund, aber ich warnte ihn davor, sich zum Gespött der Gelehrten zu machen: Sein Kommentar sei zu schnell geschrieben, und er habe kein Recht, seine Auslegung kanonischer Texte für unfehlbar zu erklären. Mein gut gemeinter Rat rief die Geheimpolizei auf den Plan, denn Wang Anshi hatte ganz China mit einem Netz von Spitzeln überzogen, die ihm persönlich Bericht erstatten und verdächtige Regungen melden mussten. Trotzdem nahm er die Kritik ernst, und um dem Eindruck entgegenzuwirken, er sei ein Machtmensch, der sich nur für Politik interessiere, verfasste er einen Essay über den Ursprung der chinesischen Schrift, der zusammen mit seinem

Klassiker-Kommentar das Corpus der Wang-Anshi-Ideen bildete, die fortan als Prüfstein für Examenskandidaten dienten. (Dass Wang Anshi den Text zu dreißig Prozent selbst geschrieben, siebzig Prozent aber von mir abgekupfert hatte, sei nur in Klammern vermerkt.)

Unter anderen Umständen hätte ich mich über das Plagiat beschwert, aber ich schluckte meine Eitelkeit herunter und schrieb einen offenen Brief, in dem ich den Kaiser um Entlassung aus dem Hofdienst bat: »Majestät haben in jungen Jahren den Thron bestiegen, voll guter Hoffnung, Entschlusskraft und Intelligenz. Doch Sie lassen die Zügel schleifen, während das Pferdegespann orientierungslos durch die Nacht galoppiert, mit Peitschenhieben zur Eile angetrieben. Wäre es nicht besser, die Pferde zu zügeln und auf gebahnten Wegen zu reisen? Majestät wollen den Wohlstand des Volkes mehren, während der Reichtum des Landes in trüben Kanälen versickert. Die Beziehung zwischen Herrscher und Beherrschten ist wie die zwischen Wurzel und Baum, Lampe und Öl, Bauer und Reisfeld, Kaufmann und Kapital. Kappt man die Wurzel, vertrocknet der Baum, ist das Öl verbrannt, erlischt die Lampe, ohne Reisfeld verhungert der Bauer, ohne Kapital geht der Kaufmann bankrott. Wenn alle am Hof dasselbe Lied singen, wie kommt dann die Wahrheit ans Licht?«

Ich bat darum, ohne mildernde Umstände zur Höchststrafe verurteilt zu werden, und setzte hinzu, dass ich mich bedingungslos dem Willen des Kaisers unterwarf.

11

Wang Anshis Hände zitterten und er wurde blass vor Wut, als er mein Schreiben las. In seinen Augen war ich des Hochverrats verdächtig, nein schuldig, und er ließ Fahnder ausschwärmen, um zur Anklageerhebung geeignetes Material zu sammeln. Meine Vergangenheit wurde bis in den letzten Winkel durchleuchtet, Freunde und Nachbarn über meine Lebensgewohnheiten befragt, aber die Aussagen lieferten keinen belastbaren Beweis, im Gegenteil – sie entlasteten mich. Unter der Anschuldigung, im Sarg meines Vaters Salz geschmuggelt zu haben, stellte man mich vor Gericht. Das war ein schweres Vergehen, weil der Salzhandel ein Monopol der Regierung war. Die eidesstattliche Erklärung meines Bruders, wir hätten den Leichnam des Vaters nicht im Sarg, sondern in Tücher gewickelt transportiert, nutzte nichts. Wang Anshi diktierte das Strafmaß, und man verurteilte mich zur Auslieferung an die Barbaren, im Austausch für einen in Gefangenschaft geratenen General; dort, so die Begründung, könne ich in Ruhe über meine Fehler nachdenken. Doch es kam anders: Der Kaiser kassierte das Urteil und wandelte es um in Verbannung nach Hangzhou, was eher eine Belohnung als Strafe war.

Im Lauf meines langen Lebens – damals war die Lebenserwartung noch kurz – wurde ich dreimal nach Hangzhou verbannt: Einmal, weil ich Wang Anshi widersprach, das zweite Mal, als die Gegenpartei die Macht ergriff und ich mich weigerte, meinen früheren Freund in Grund und Boden zu verdammen, das dritte Mal, als die Kronprinzessin den Thron bestieg und ich es ablehnte, der Berufung in die Hauptstadt zu folgen.

Doch bevor ich schildere, was mir in der Verbannung widerfuhr, muss ich die Geschichte von Wang Anshi zu Ende erzählen. Sein Reformprogramm war gescheitert, doch der Kaiser wusste nichts davon. Alle Kritiker des Premierministers hatte man aus ihren Ämtern entfernt und in ferne Provinzen versetzt; Minister, die die Dinge beim Namen nannten, gab es nicht mehr, nur noch Schönredner der offiziellen Politik. Ausschlaggebend für den Sinneswandel des Kaisers war ein Offizier der Palastwache, der sich in seiner Freizeit als Maler betätigte. Mit Tusche und Pinsel hielt er fest, was sich vor den Toren des Palasts abspielte: Öffentliche Hinrichtungen und Auspeitschungen hungernder Bauern, die unter der Last ihrer Schulden zusammenbrachen. Unter Umgehung des Dienstwegs legte man die Skizzen der Mutter des Kaisers vor. Beim Betrachten der Bilder kamen ihr die Tränen, und sie berief den Familienrat ein.

»Das Volk seufzt unter der Steuerlast«, sagte die Mutter des Kaisers. »Es war falsch, das traditionelle Verfahren zu ändern.« – »Das Volk begrüßt die Reformen«, erwiderte der Kaiser, »und wird von niemandem unterdrückt.« – »Wang Anshi ist ein fähiger Staatsmann«, fuhr die alte Dame fort, »aber er hat sich Feinde gemacht. Ich rate dir, ihn zu entlassen.«

»Meine Gegner flüstern dir alles Mögliche ein, und du schenkst ihnen Gehör. Wang Anshi ist der einzige meiner Minister, der für seine Fehler geradesteht.« Prinz Zhi, der Bruder des Kaisers, schaltete sich ein. »Ich denke«, sagte er, »du solltest ernst nehmen, was Mutter dir rät. Auch ich habe Klagen gehört.«

»Von wem?«, rief der Kaiser »Nennt mir ihre Namen, und die Gerüchtemacher werden streng bestraft! – Schon gut«, setzte er hinzu: »Ich bin also unfähig zu regieren, und du willst den Laden übernehmen!« – »So habe ich es nicht gemeint«, sagte Prinz Zhi, bevor seine Mutter, an den Kaiser gewandt, das Schlusswort sprach: »Wang Anshi stiftet Unfrieden in unserer Familie. Du musst etwas tun!«

Der Premierminister wurde amtsenthoben, die von ihm eingeleiteten Reformen rückgängig gemacht. Der Offizier der Palastwache aber, der den Stein ins Rollen gebracht hatte, wurde an die Nordgrenze versetzt: Er hatte einen Formfehler begangen und seine als Militärgeheimnis geltenden Bilder einem Kurier anvertraut, der sie dem Kaiserhof vorlegte. Wang Anshis Absturz vom Gipfel der Macht war weniger spektakulär als sein kometenhafter Aufstieg. Die letzten Lebensjahre verbrachte er in der südlichen Hauptstadt Nanking, wo er, auf einem Esel reitend, leise Flüche in seinen schütteren Bart gemurmelt haben soll.

12

Die erste Station des Weges in die Verbannung war das Haus meines Bruders in Zhenzhou. Haus ist zu viel gesagt, denn Su Zhe lebte mit Frau und Kindern in einer niedrigen Hütte, und ich schrieb einen Zweizeiler in sein Gästebuch: »Mit gebeugtem Rücken studierst du die Schriften der Klassiker / Vom Schreibtisch aufstehend, stößt du mit dem Kopf ans Dach.«

Mein Bruder war klüger als ich: Er hielt sich aus der Politik heraus, und wegen seiner Verweigerungshaltung hatte man ihn nach Zhenzhou versetzt. Der dortige Gouverneur, ein Bewunderer meiner Gedichte, lud uns in seinen Teepavillon ein, wo ich im Mondschein Verse improvisierte; Su Zhe war schweigsam und trank dafür umso mehr. Unser Gastgeber wurde später für seinen Freundschaftsbeweis bestraft, weil er einem rechtskräftig verurteilten Staatsfeind Obdach gewährt habe. Das Herbstfest am neunten Tag des neunten Mondes feierten wir in der Hütte meines Bruders, der gesprächiger war als am Abend zuvor und einen Trinkspruch auf mich ausbrachte: »Jeder Tag, den ich in deiner Gesellschaft verbringe, kommt mir doppelt so lang vor wie ein normaler Arbeitstag. Auf diesem Weg erreiche ich schneller die Unsterblichkeit.« Zum Abschied empfahl mir Su Zhe, meine Zunge im Zaum zu halten, um mir und der Familie Ärger zu ersparen. »Ich kann nicht anders«, sagte ich: »Schwimmt eine Fliege in meiner Suppe, schlucke ich sie nicht herunter – ich spucke sie aus!«

»Doch du solltest bedenken, mit wem du sprichst!« Ich konterte mit einem Vierzeiler: »Verse kommen und gehen mir durch den Kopf. / Soll ich sie umschreiben, um meinen Gegnern zu gefallen? / Affen und Wildgänse lärmen auf Bergeshöhn / Ungehört vom Wanderer im Tal.«

Ich wurde dreimal nach Hangzhou verbannt, und sobald ich mich dort eingelebt hatte und Heimatgefühle empfand, rief man mich in die Hauptstadt zurück. Im Nachhinein kommt es mir so vor, als hätte ich mein ganzes Leben in Hangzhou verbracht. Die Stadt liegt am Westsee, eingebettet zwischen malerische Hügel, auf denen grüner Tee wächst. Noch zweihundert Jahre später, nach der Mongoleninvasion, als Marco Polo Hangzhou besuchte, das damals Quinsai hieß, gab es dort dreihundertfünfzig Pagoden: Das ganze Jahr über, von der Neujahrsnacht bis zum elften Tag des elften Mondes, wurden Feste gefeiert und Feuerwerke abgebrannt, deren Leuchtgarben sich in den Wellen spiegelten; mit Lampions geschmückte Drachenboote glitten über den See, an Deck wurde getanzt und getafelt, Musik schallte übers nachtdunkle Wasser, Hochzeitspaare gaben sich das Jawort und Kurtisanen lockten ihre Kunden mit Flötenspiel in verschwiegene Etablissements.

Ich war herabgestuft worden zum Sekretär des Vizegouverneurs und wohnte am Phönix-Hügel mit Blick auf Schleusen und Kanäle auf der einen, den Westsee mit wolkenverhangenen Bergen auf der anderen Seite, und als ich das Fenster aufstieß am Morgen, zuckte ich geblendet zurück, überwältigt von der Schönheit der von Weiden gesäumten Ufer. »Ich kam her als Verbannter«, schrieb ich an meinen Bruder in Zhenzhou, »und der Pomp meiner Amtseinführung erzürnt Wolken und See. Wie sollen Wasserfälle und Felsen ihre Schönheit offenbaren, wenn du eine Sänfte besteigst? Leg die Amtsrobe ab, greif zum Spazierstock und wandere am Ufer entlang, wo und wie es dir gefällt. Siehst du den alten

Fischer im Schilf? Rede mit ihm, und wenn er weise spricht, feilsch nicht um den Preis!«

Genau das tat ich in den nächsten Wochen und Monaten. Ich durchstreifte die Villenviertel am Wasser, kehrte in Tempel und Teehäuser ein, nahm kühlende Bäder, sofern das Wetter es zuließ, mietete ein Boot und fuhr hinaus auf den See. Dort zog der Bootsmann die Ruder ein und kochte Tee, während ich, auf der Schiffsbank ruhend, dem Krächzen der Möwen lauschte und dem Plätschern der Fische, die auf der Jagd nach Libellen aus dem Wasser sprangen und klatschend wieder zurückfielen. Das Boot glitt unter tief hängenden Ästen dahin, und ich döste ein, eingelullt von Vogelgezwitscher, während ein Vorhang aus Zweigen mich unbefugten Blicken entzog. Im Halbschlaf entwarf ich den Plan, die Aussichtspunkte am Ufer durch Brücken zu verbinden, deren Aufzählung ein Gedicht ergab: »Frühlingserwachen am Deichweg / vom Wind bewegte Schilfinseln im See / Herbstmond im stillen Wasser / Schneeschmelze auf morschem Steg / Goldpirole singen im Bambushain / springende Fische im Lotusteich / drei Bäche spiegeln den Mond / Doppelgipfel, der in die Wolken ragt / Abendglocken am Phönix-Hügel / Leifeng-Pagode bei Sonnenuntergang.«

Beim Betreten der berühmten Pagode überkam mich ein Gefühl des Déjà-vu. Alles schien mir bekannt und vertraut: die Felsen und Bäume, der Brunnen, in den Pilger Münzen warfen, und die zweiundneunzig Stufen, die zur Aussichtsplattform führten. Und ich erzählte dem Tempelwächter, in meinem früheren Leben hätte ich ein buddhistisches Manuskript kopiert, aber nicht vollendet, weil der Schwerthieb eines Barbaren mich am Schreibpult tötete. Der Wächter bestätigte meinen Bericht und zeigte mir ein blutbeflecktes Manuskript, das ich in Gegenwart des Abtes signierte. Ich glaube nicht an Geister, wohl aber an die Seelenwanderung.

Meine Arbeit bestand darin, Gerichtsverhandlungen zu protokollieren sowie Hinrichtungen und Auspeitschungen von Straftätern beizuwohnen. Die Delinquenten taten mir leid; ihre todeswürdigen Vergehen bestanden darin, Kredite nicht pünktlich zurückgezahlt zu haben. Frustriert von der Willkürjustiz, die kleine Leute bis aufs Blut quälte und große Verbrecher ungeschoren ließ, schrieb ich das folgende Gedicht:

»Am Neujahrstag wollte ich früher nach Hause / doch Amtspflichten hielten mich am Schreibtisch zurück. / Mit Tränen in den Augen greife ich zum Pinsel / voller Mitleid mit denen, die in Ketten schmachten. / Die Armen kämpfen ums nackte Überleben / Und geraten ins Räderwerk der Justiz. / Was ist der Unterschied zwischen ihnen und mir? / Ich schweige und beuge den Kopf voller Scham.« Diese Verse schrieb ich auf eine Wachstafel, die ich einem Einsiedlermönch zu treuen Händen übergab. Und ich schwor mir, Unrecht nicht länger passiv hinzunehmen und Fehlentscheidungen zu korrigieren, wann und wo immer ich die Gelegenheit dazu bekam.

13

Bald darauf wurde mein Qi auf eine harte Probe gestellt. Qi ist ein unübersetzbares Wort: Es kann Herz und Seele bedeuten, Lebenskraft oder Atemhauch – vom griechischen πνεῦμα bis zu Bergsons *élan vital*. Mein Qi wurde auf die Probe gestellt, als der Eremit verstarb, von dem im vorigen Abschnitt die Rede war, und Steuerfahnder seine Höhle durchsuchten. Der Eremit war ein Wundertäter; hochgestellte Personen hatten Heilung von Krankheiten bei ihm gesucht und mit barer Münze bezahlt. Dazu muss man wissen, dass Wang Anshi in Ungnade gefallen war, doch seine Mitarbeiter waren weiter im Amt, unter ihnen zwei Fahnder, die sich an meine Fersen hefteten. Die Schnüffler nahmen Witterung auf; sie lechzten danach, Rache zu nehmen für die Entmachtung ihres Chefs, und stellten ein Konvolut von Manuskripten sicher, um mich anzuschwärzen am Hof. Der Eremit hatte Kopien meiner Gedichte gehortet, und die bewiesen schwarz auf weiß, dass ich ein gefährlicher Volksfeind war. Die Fahnder zeigten mich wegen Hochverrats an, und auf Geheiß des Staatsanwalts wurden die Häuser meiner Verwandten durchsucht. Su Zhe weigerte sich, die Briefe seines Bruders zu verbrennen; in seiner Hütte wurde belastendes Material entdeckt, ebenso wie in den Gemächern des Kronprinzen, der seinerzeit dem Kaiser widersprochen hatte. Der Prinz war ein Verehrer meiner Kunst und hatte Abschriften meiner Gedichte gesammelt.

Der Staatsanwalt forderte die Todesstrafe, die unverzüglich zu vollstrecken sei. Die juristische Überprüfung meiner Schriften habe Ungeheuerliches ans Licht gebracht: Seit Jahren hätte ich, unbemerkt von den Beamten des Hofes, gegen die Regierung konspiriert, deren Minister ich als quakende Frösche, zirpende Zikaden und räudige Hunde verunglimpft hätte. Noch schlimmer sei der Vergleich der Würdenträger mit Affen, vor denen sich die Untertanen verbeugten, weil sie Amtsroben und spitze Hüte trügen.

Der Kaiser erwiderte, er fände das eher lustig als schlimm. »Su Shi ist ein Unruhestifter, ich weiß. Aber die Todesstrafe hat er nicht verdient. Einen Voltaire verhaftet man nicht!« Diesen Satz hat der Kaiser nicht gesagt, aber er hätte ihn sagen können, hätte er siebenhundert Jahre später gelebt.

»Majestätsbeleidigung wird mit dem Tode bestraft«, rief der Staatsanwalt und zitierte ein Gedicht, in dem von alten Bäumen die Rede war, in denen Drachen hausen. »Der Drache symbolisiert den Kaiserthron – Su Shi setzt den Sohn des Himmels mit niederen Dämonen gleich!«

Er kenne das Gedicht, sagte der Kaiser und fügte hinzu, dass ein Gespräch über Bäume kein Verbrechen sei.

Kurz darauf starb die Mutter des Kaisers, und die Regierung verkündete eine Amnestie, von der ich ausgenommen blieb. Man verurteilte mich zur Verbannung nach Huangzhou, eine milde Strafe, weil Huangzhou nicht nur wie Hangzhou klingt, sondern in dessen Nähe liegt.

Nach der Freilassung schrieb ich ein Gedicht, das mich erneut ins Gefängnis hätte bringen können: »Mein Leben lang hat das Schreiben mir Ärger bereitet / Je geringer der Ruhm, desto besser für mich. / Auf einem hinkenden Gaul reite ich zum Palast zurück / Mit Hahnenkämpfen habe ich nichts mehr im Sinn.«

14

Bei der Ankunft in Huangzhou erhielt ich die Nachricht, dass Zhensong verstorben war. Sein jüngerer Bruder hatte den Kaiser vergiftet, bevor er selbst zum Giftbecher griff, und nach Ablauf der Trauerzeit bestieg die Kronprinzessin den Thron. Sie bewunderte meine Schriften und beförderte mich vom Sekretär des Magistrats zum Provinzgouverneur, dem sie, als sei das nicht genug, Sondervollmachten einräumte. Die Gunst der Stunde nutzend leitete ich Baumaßnahmen ein, die, anders als Wang Anshis Reformen, das Leben des Volkes erleichterten. Ich ließ Sümpfe trockenlegen und grub den Mücken das Wasser ab, sammelte Kräuter zur Bekämpfung periodisch auftretender Durchfallepidemien und erprobte ein Medikament, das zusammen mit der Mückenplage die Malaria ausrottete – die heilsame Wirkung von Rindenextrakt war in China seit langem bekannt. Und ich verband das Angenehme mit dem Nützlichen, indem ich Dämme aufschütten, Kanäle ausschachten und Fische aussetzen ließ, die Wasserpflanzen und Mückenlarven fraßen. Das Seewasser bekam Trinkwasserqualität und wurde durch Bambusrohre, die regelmäßig gereinigt wurden, in die Stadt gepumpt. Um die Arbeiter zu belohnen – Deichbau ist extrem strapaziös –, ersann ich ein Kochrezept, das mir mehr Geltung verschaffte als meine Gedichte und unter dem Namen *Schweinepfoten à la Su Dongpo* bis heute auf Speisekarten zu finden ist. Ich darf das Rezept nicht verraten – wenn es richtig zubereitet wird, zergeht jeder Bissen auf der Zunge. Die Ironie der Geschichte ist, dass ich zu diesem Zeitpunkt schon Vegetarier war, getreu der buddhistischen Lehre, dass die Seele des Menschen, sein Karma oder sein Qi, sich in Tieren reinkarniert. »Ich kann ohne Fleisch leben«, schrieb ich im Vorwort zu meinen gesammelten Werken, »aber nicht ohne Bambus. Ich wohne in einer Bambushütte, schlafe in einem Bambusbett, esse Bambussprossen mit Stäbchen aus Bambus, schreibe Gedichte über Bambus und male Bambusblätter auf Bambusbretter.« Bambus ist biegsam; er beugt sich dem Sturm und richtet sich auf, wenn der Wind abflaut – nach dieser Devise habe ich gelebt.

In Huangzhou verwirklichte ich meinen lang gehegten Plan, Bauer zu werden. Ich kaufte Land, baute ein Haus, zeugte ein Kind und pflanzte einen Maulbeerbaum. »Ich komme mir vor wie eine Ameise, die ein Mühlrad anzuhalten versucht, nein: wie eine Feder im Wind«, schrieb ich meinem Bruder, den die Regierung herabgestuft hatte zum Leiter eines Weingeschäfts – Wein war ein Staatsmonopol wie Salz und Porzellan. »Huangzhou ist ein armer Bezirk«, fuhr ich fort. »Es regnet ständig, Fisch und Reis sind billig, und es ist der richtige Ort für einen armen Teufel wie mich. Ich ziehe mich von allem zurück, ernähre mich vegetarisch und hänge die Münzen, die ich verdiene, auf Schnüre gereiht an die Decke.

Einmal pro Woche gehe ich, als Bauer verkleidet, in die Stadt und betrinke mich. Dann schlafe ich am Wegrand meinen Rausch aus, bis ein Kuhhirte mich mit Fußtritten weckt. Wer nichts tut, erreicht alles – diese Regel beherzigend halte ich mich aus der Politik heraus und habe, statt Gedichte zu schreiben, die Wände meines Hauses mit Bergen und Flüssen, Bambushainen und Fischerbooten bemalt. Nur einen Vierzeiler habe ich im Winter zu Papier gebracht:

»Wer zu oft Kutsche fährt, bekommt kranke Beine / Wer in zugigen Räumen lebt, kriegt eine Erkältung / Wer zu viele Frauen liebt, schadet seiner Gesundheit / Wer fette Speisen isst, kriegt ein Magengeschwür.«

Ich lebte bescheiden nach dem Motto des Konfuzius, dass ein rechtschaffener Mann viele Freunde hat. Meine Nachbarn waren Pan, der Weinhändler, Jou, der Apotheker, Bang, der Arzt und Gu, ein Bauer, der mir beim Reispflanzen half; seine Frau lief keifend hinter ihm her, weil sie mich für einen Tunichtgut hielt. Auch taoistische Mönche kehrten bei mir ein, unter ihnen ein halbblinder Greis, der mich im Schachspiel besiegte, während sein Gehilfe schnarchend auf der Reisstrohmatte lag. In Huangzhou fühlte ich mich wohl. Das wurde mir zum Verhängnis, als ich in einem Rundbrief zum Anbruch des neuen Jahres meine Zufriedenheit kundtat mit den Worten: »Die Gartenarbeit hält mich gesund. Ich habe Gemüsebeete angelegt und Maulbeerbäume gepflanzt. Meine Frau züchtet Seidenwürmer, und wir genießen das Landleben.« Abschriften des Briefs gingen von zu Hand zu Hand, meine Feinde meinten, Su Shi gehe es zu gut, sie wurden bei Hofe vorstellig, und man berief mich in die Hauptstadt zurück.

15

Es ist schwer, ja unmöglich, das Wechselbad meiner Gefühle zu schildern, denn man hatte mich so oft verbannt, dass ich das Leben im Exil als Normalzustand und die Rückberufung in die Hauptstadt als Strafe empfand. Verkehrte Welt! Ich hatte gehofft, nicht noch einmal verbannt zu werden, schon gar nicht ans Ende der Welt, nach Hainan im Südchinesischen Meer. Fragen Sie nicht, warum: Ein Minister ist nie um eine Begründung verlegen. Ich fühlte mich alt und gebrechlich und rechnete damit, auf der von Loi-Fischern bewohnten Insel zu sterben. Statt den Weg in die Verbannung zu schildern, wo ich auf Post- und Polizeistationen das Elend des Volkes kennenlernte, will ich mit einer positiven Note enden und von meiner letzten Liebe erzählen.

In Hangzhou hatte ich eine Sklavin gekauft, ein Waisenkind von zwölf Jahren, das wir Zhaoyun nannten und das meiner Frau und mir zuerst als Dienstmagd und später als Zimmermädchen diente. Zhaoyun wurde meine Konkubine, wie damals üblich mit Wissen und Billigung meiner Frau, die der ehelichen Pflichten müde war. Nach ihrem Tod heirateten wir, und Zhaoyun begleitete mich in die Verbannung – ohne sie hätte ich die Bitternis des Exils nicht ertragen. In Huangzhou gebar sie einen Sohn: Wir nannten ihn Su Dun, und ich widmete ihm folgendes Gedicht: »Eltern wünschen ihren Kindern Ruhm und Ehre / Doch der Erfolg hat mir nur Ärger eingebracht / Mein Sohn soll einfältig bleiben / Damit er Premierminister wird.«

Zhaoyun blieb mir ihr Leben lang treu, anders als Xiao Man, die berühmte Kurtisane der Tang-Dynastie, die den Dichter Bai Juyi, als er alt wurde, verließ. In Huangzhou und später auf Hainan suchte ich vergeblich nach dem Elixier der Unsterblichkeit, aber heute weiß ich, dass Zhaoyun mir ewige Jugend verlieh. Sie ließ Blütenblätter herabregnen, die sich wie Goldschmuck an mein Gewand hefteten; und als sie mich fragte, ob ich das Zirpen der Grillen hörte, sagte ich Ja. Das war gelogen, denn ich hörte weder Grillen- noch Vogelgesang, weil ich über sechzig war und fast taub. Damals beschlossen wir, fortan in getrennten Betten zu schlafen. Ich starb am 28. Juli 1101 westlicher Zeitrechnung; bald danach wurde die Hauptstadt der Song-Dynastie von Barbaren überrannt.

Kurz vor meinem Tod schrieb ich ein Gedicht zur Erinnerung an Zhaoyun, die vor mir verstarb; 850 Jahre später hat Günter Eich die Verse ins Deutsche übersetzt:

DIE UNSTERBLICHE SCHÖNHEIT

Dichter sprachen vor mir,
seit Jahrhunderten besingen sie die Liebe. Doch mir
    scheint, die Lieder alle
gelten nur dir, die du jetzt lebst.
Die Weiden, die über das Wasser hängen und im
    Teich spiegelt sich dein Gesicht.

Denn wie konnten sie vorübergehen
an dir, da du vollkommen bist!
Sie alle kannten dich, du Verwandlung
des immer gleichen Bildes.
Der Mond, der über die Sträucher scheint – wie
schön ist dein Auge!

OKIDOKI (1)

7. Februar 2017. Im Deutschlandfunk höre ich, dass fromme Hindus die Armen beschenken, damit der Schmutz des Schenkenden auf den Beschenkten übergeht. Das Gegenteil davon waren in Amerika sprichwörtlich gewordene *Indian Givers* wie die Irokesen, die vor Jahren gemachte Geschenke plötzlich zurückforderten.

8. März. Fahrt aufs Land. Die Elbe hat, nein führt Hochwasser, der Strom ist doppelt, nein dreimal so breit wie sonst, die Elbwiesen sind überschwemmt, obwohl Charlie, der Schiffsingenieur, meint, das sei kein Hochwasser, sondern Qualmwasser, aufsteigend aus unterirdischen Reservoirs. Zu meiner Überraschung sind die Störche schon da, die sonst erst Mitte März eintrudeln, wenn die Frösche die Teiche verlassen, in denen sie überwintert haben, um auf Wanderschaft zu gehen. Jetzt sollen die ersten Störche als Vorboten des Frühlings schon im Februar eingetroffen sein, also doch Erderwärmung, sprich Klimaveränderung, aber sie klappern noch nicht, jedenfalls habe ich sie nicht klappern hören, dafür aber hörte ich um vier Uhr früh, als ich, um nicht zu ersticken in der Heizungswärme, das Fenster aufriss, eine Nachtigall schlagen im Gehölz – oder bilde ich mir das ein? Waschbärenkot in der Diele, violette Kerne von Efeubeeren am Fuß der Balken, an denen die Waschbären hochklettern in ihr mit Glaswolle gepolstertes Nest.

Eine Hiobsbotschaft jagt die andere: Arno Waldschmidt hat sich aus dem Fenster des Seniorenheims gestürzt, in dem Freunde ihm ein Zimmer besorgt hatten, Meineke/ Ecke Lietzenburger Straße, beste Gegend in Kudammnähe, runtergesprungen von der Terrasse im sechsten Stock, so viel Entschlusskraft hatte er noch – obwohl hochgradig verwirrt. Bei unserem letzten Treffen in der Bar am Lützowplatz, wo wir Freibier bekamen als Honorar für unsere Text- und Bildbeiträge in einer Bier-Anthologie, schlug er mir vor, umgekehrt wie sonst, solle *ich* von ihm geschriebene Gedichte illustrieren. Daraus wurde nichts, sein wirres Gerede ging in unverständliches Gebrabbel über, ich sterbe morgen, wenn ihr mich noch mal sehen wollt, kommt ins *Ciao*, dort saß er hinter einem Glas Weißweinschorle, mehr vertrug er nicht, hatte aufgehört zu rauchen und hielt Hof mit giftigen Bemerkungen. Arno war ein Giftzwerg, der seinen Rixdorfer-Kollegen ihre Erfolge missgönnte, sein Alleinstellungsmerkmal war der Fallrückzieher, den er in jungen Jahren am Tor vorführte, und so, mit Fallrückzieher, stahl er sich aus dem Leben, beim Aufprall sofort tot, und hat sich langes Siechtum und sinnlose Leiden erspart.

Dazu die Nachricht, dass mein Jugendfreund Wolfgang, Jazztrompeter und Kneipenwirt der Gaststätte *Im Stiefel*, Bonngasse in Bonn, gleich neben dem Beethoven-Haus, einer Krebserkrankung erlag. Er wurde immer weniger, aß und trank kaum noch, ein großer Bierzapfer und Biertrinker vor dem Herrn, der nach der Sperrstunde weiterzechte mit seinen Stammgästen, während Wolfgangs Mutter, der Restaurantküche misstrauend, in einem Kabuff hinter der Theke Sauerbraten kochte für ihren Sohn. Ein Stockwerk tiefer im Keller, zwischen Bierfässern, lag die Kegelbahn, wo ich als Kegeljunge Kölsch oder Altbier trank und Russeneier verzehrte, während Wolfgang Trompete übte. Als Musiker war er talentiert, als Ehemann und Vater weniger, und von einem Tag auf den andern verließ ihn Walburga, *dat Wally* genannt, für eine Frau, während Wolfgang mit dem Rennrad durch die Eifel peste, Jazzplatten hörte und Sexorgien zeichnete, als Maler wie auch als Trompeter hochbegabt.

14. März. Heute war ich im Urban-Krankenhaus und habe Gerd-Peter Eigner besucht, der von Kopf bis Fuß verkabelt im Krankenbett liegt, das wie zum Spott Sportmobil heißt, mit Schlauch im Hals für die Atmung, geschwollenen Armen und Beinen, kleinen Pupillen, die nichts mehr sehen, so scheint mir, er zeigt keine Reaktion, wenn ich »Gerd-Peter« zu ihm sage (seine Mutter nannte ihn Peterle) und ihm die Hand auf die Stirn lege, seit acht Wochen liegt er im Koma, das nicht länger künstlich, durch Betäubungsmittel herbeigeführt werden muss, sondern sein Dauerzustand ist: Nach menschlichem Ermessen nimmt er nichts mehr wahr und ist nicht ansprechbar, wenn die Schwester ihm »Sie haben Besuch!« ins Ohr brüllt, nur sein Leib liegt schwer atmend da, ohne Bewusstsein, wie mir scheint, und vielleicht ist es besser, wenn er nicht mehr aus dem Limbo erwacht, irreparabel geschädigt womöglich, denn niemand wisse genau, meint die Stationsärztin, wie das menschliche Gehirn auf lang andauerndes Koma reagiert. Zwar habe der Thrombus sich aufgelöst und die

Lungenentzündung sei überstanden, aber es sieht nicht gut aus, wie er ans Bett geschnallt, ringsum verdrahtet, von Pflegern eskortiert, zur Computertomographie gekarrt wird, ein Todkranker, dessen Leben langsam erlischt, während ich mich über ihn beuge als Gespenst aus der Zukunft, dessen Schatten aus dem Diesseits ins Jenseits fällt.

»Okidoki« heißt eine neue, nein alte Redensart, die mein in Düsseldorf lebender Bruder sich in Washington angewöhnt hat, um zu signalisieren, dass alles okay sei – aber es ist nicht alles okay!

20. März. Am Freitag las Tomas Venclova aus seinem Buch *Der magnetische Norden*, und in die Podiumsdiskussion über Joseph Brodsky platzte die Nachricht, dass Derek Walcott, Brodskys bester Freund und karibischer Antipode, verstorben ist. Die Einschläge kommen näher – okidoki!

Das Wichtigste im Leben nimmt man erst wahr, wenn man es verloren hat: die Gesundheit zum Beispiel, oder Europas Zivilgesellschaft und Demokratie.

11. Juli. Vor ein paar Jahren tauchte eine neue Pfirsichsorte im Angebot der Obstläden und Supermärkte auf: Die Flach- oder Plattpfirsiche waren aromatischer, aber auch teurer als andere Sorten und verdrängten diese aus den Auslagen; aufgrund des Überangebots sanken die Preise, und jetzt gibt es überall, wohin man schaut, Plattpfirsiche. Schon vorher wurden die alten, sperrigen Fernsehgeräte durch Flachbildschirme ersetzt, und als

sei das noch nicht genug, trat die Flatrate ihren Siegeszug an und weitete sich vom Mobiltelefon auf angrenzende Gebiete aus. Auch die Handys wurden flacher und handlicher, und trotz des Verbots bieten *sex workers*, passend zum horizontalen Gewerbe, Flatrates an, *all inclusive*, wie es denglisch heißt.

Der Flachmann hingegen stammt aus der Zeit, als Industriearbeiter nicht erst nach Feierabend, sondern schon frühmorgens Schnaps soffen, wogegen nicht nur ihre Ehefrauen und Mütter, sondern auch Kirchen und politische Parteien protestierten. Christinnen, Sozialistinnen und Feministinnen zogen am gleichen Strang, und der Sieg der Abstinenzlerinnen führte zur Prohibition in den USA, wo sich im Ersten Weltkrieg das Alkoholverbot mit antideutscher Propaganda verband. Weinstuben, Pubs und Bars wurden geschlossen, während irische Whiskyschmuggler und Schwarzbrenner sich eine goldene Nase verdienten: *Moonlighting* war der Fachausdruck dafür.

Gab oder gibt es eine Verbindung zwischen diesen Phänomenen des Zeitgeists? Wir leben im Zeitalter der Algorithmen und der Nanotechnologie, und Laptops, flacher als jeder Flachbildschirm, stellen dreidimensionale Produkte her, von der Kniegelenkprothese bis zur Weltraumkapsel, nicht zu vergessen die Neutronenbombe, die alles Leben vernichtet, aber Wohnhäuser und Fabrikanlagen intakt lässt: eine Dystopie, an deren Ende die Maschinen steuerlos von alleine weiterlaufen. Diesen Albtraum hatte die Science-Fiction schon geträumt, lange bevor er Wirklichkeit wurde. Man denke nur an

Stanley Kubricks *A Space Odyssey*: Dort wirft ein Affenmensch einen Knochen in die Luft, der sich in eine Raumfähre verwandelt und ins All entschwebt. Oder an Andrej Tarkowskis Film *Solaris*, wo ein Ozean den Gedanken und Gefühlen der Menschen, die ihn aus einem Raumschiff beobachten, materielle Gestalt verleiht.

Von der Vorstellung einer Welt ohne Menschen geht eine negative Faszination aus, die etwas Tröstliches hat nach all dem, was die Menschheit dem Planeten antut. Damit nicht alles falsch wird, eine Klarstellung: Dies ist keine Schleichwerbung für Flachbildschirme und Plattpfirsiche, die auch ohne mich Abnehmer finden.

11. September. Seit zehn Tagen trage ich statt meines Penis einen Zapfhahn zwischen den Beinen, der wie beim Oktoberfest eingestöpselt und später wieder entfernt werden muss – beides tut höllisch weh. Ich bin ein Manneken-Pis und renne alle Augenblicke zur Toilette – meine Hauptsorge besteht darin, nicht pinkeln zu können, aber ständig müssen zu müssen, wie es in einem Werbespot für Prostataheilmittel heißt. Meine Harnröhre ist blockiert seit dem 31. August, als Peter von Becker nach seiner Buchpremiere im Literaturhaus eine Runde Aquavit spendierte. Ich litt die Nacht hindurch wie ein Hund, tigerte stöhnend in der Wohnung auf und ab und konnte weder sitzen noch liegen, bis ich frühmorgens in die Notaufnahme kam, wo ein Krankenpfleger die Blockade durchbrach und mir endlich Erleichterung verschaffte. »Der Herr Buch soll sich nicht so anstellen«, sagt Dr. Weissbach, der Berliner Prostatapapst, es handle sich um einen Routinefall, die Warte-

liste sei lang und es gebe Schlimmeres: Alles richtig, mag sein, aber ich lebe nur einmal und leide hier und jetzt. In der Nacht lockert sich das Ventil, aufgestauter Urin läuft ins Bett und auf den Fußboden, Laken und Bettvorleger pitschnass – die Details erspare ich mir!

25. Mai 2018. Günter Herburger ist seinen Verletzungen erlegen, verursacht durch einen Wohnungsbrand, bei dem auch seine an Demenz leidende Frau ums Leben kam. Ende einer Ära. Zuletzt kritisierte er mich wegen »Rabulistik« in meinem Neruda-Essay. Am Tag darauf rief er noch mal an und sagte, inzwischen habe er den Text gelesen und sei begeistert. So wie er Gert Loschütz' Roman *Ein schönes Paar* »zu pessimistisch« fand und Peter Schneiders *Die Lieben meiner Mutter* ablehnte wegen eines Schuhkartons mit in Sütterlinschrift geschriebenen Briefen mit der Begründung: »So etwas geht heute nicht mehr!« – was immer er damit hat sagen wollen? Schon Herburgers Marathonläufe durchs Allgäu, die Schwäbische Alb oder das Atlas-Gebirge, meint Gert, waren Ausbruchsversuche aus einer nicht mehr zu bewältigenden, unlebbar gewordenen familiären Situation.

ROBINSONS RÜCKKEHR

Merkur (zu Charon): Was ist das für ein Monsieur,
der so einen Bocksgeruch hat?
Charon: Das ist Alexander Selkirk, genannt Robinson.
Du wirst von dem berühmten Seefahrer gehört haben?
Merkur: Sie müssen wissen, dass es zwei Robinsons gibt.
Robinson (böse): Unsinn, es gibt nur einen Robinson!
Merkur (nimmt eine Prise Schnupftabak): Mit Ihrem
Geruch kämen Sie nicht mal ins Vorzimmer meines
Bedienten!

Jakob Michael Reinhold Lenz

1

Dass die Rückkehr nach Hause schwerer fällt als der
Aufbruch ins Unbekannte, hatte ich mir schon gedacht,
aber dass sie so schwierig werden würde, hätte ich mir
in den kühnsten Träumen nicht ausgemalt. Damit
meine ich nicht die Heimkehr in meine Geburtsstadt,
wo meine Geschwister das mir zustehende Erbe schon
vor Ablauf der gesetzlichen Frist verprasst hatten; auch
nicht die Taverne am Hafen von Fife, wo meine Sauf-
kumpane – ich zögere, an dieser Stelle das Wort Freunde
hinzuschreiben – jahrelang weiterzechten, als sei nichts
geschehen: auf meine Kosten, versteht sich, weil seit dem
letzten, von mir verlorenen Würfelspiel angeblich alles
auf meine Rechnung ging. »Bist du jetzt hier – wann

fährst du wieder weg?«, brummten sie unisono, ohne von ihren Bierkrügen aufzublicken, als ich nach fünf-jähriger Abwesenheit, auferstanden von den Toten, die Taverne betrat. Nein, ich meine den offiziellen Empfang, den Sir John, einer der reichsten Reeder des Vereinigten Königreichs, mir zu Ehren auf seinem Landsitz in Southend veranstaltete. Nach der Landung in Plymouth hatte ein Journalist namens Richard Steele mich in einer Hafenkneipe ausfindig gemacht und dort für den *Englishman* interviewt, eine neu gegründete Zeitung, die den Ruhm meiner Taten über ganz England verbreitete. Das Wort Robinsonade gab es noch nicht, weil Daniel Defoes Roman noch nicht geschrieben, geschweige denn ge-druckt worden war: Zeitungen aber gab es schon, das Interesse war geweckt, und immer mehr Leserinnen und Leser wollten wissen, wie man auf einer einsamen Insel überlebt – dass Mr. Steele die Dauer meines Aufenthalts von viereinhalb auf sieben Jahre streckte, steht auf einem anderen Blatt. So kommt es, dass Sir John, der als Schiffsausrüster im Westindienhandel zu Reichtum ge-kommen war, ein Auge auf mich warf. Die Räume der schon damals altehrwürdigen *Geographical Society*, deren Vorsitz er innehatte, waren ihm zu schäbig, und er lud Geschäftspartner und Freunde auf sein Landhaus in Southend ein, wo ich den wissenschaftlich interessierten Damen und Herren Rede und Antwort stehen sollte. Da ich mir nicht sicher war, ob Mr. John sein Versprechen, Kost und Logis betreffend, halten würde, stieg ich im Seemannsheim ab. Meinem knappen Budget entspre-chend, bezog ich eine Dachkammer, und zur vereinbar-ten Stunde schritt ich über knirschenden Kies zu dem auf einem Hügel gelegenen Haus, dessen durch üppiges

Grün schimmernde Säulen mich an einen Tempel erinnerten. Ich fasste mir ein Herz und zog die Klingel, in banger Erwartung, weil die Herren Bedienten mich noch mehr einschüchterten als die bedienten Herren. Ich weiß nicht, ob ich es schon erwähnt habe, aber von Natur aus bin ich eher schüchtern als dreist.

Ein livrierter Portier nahm das Schreiben entgegen, mit dem Mr. John mich zu sich beorderte, und im Schatten einer Gartenmauer, bei der es sich auch um eine Buchsbaumhecke handeln konnte, wartete ich darauf, vorgelassen zu werden. Die Sonne brannte senkrecht herab, und die Glocke der nächstgelegenen Kirche schlug zwölf, als ein noch breiterer Schatten über mich fiel. Sir John nahm mich persönlich in Empfang und führte mich, unaufhörlich redend, mehr zu sich selbst als zu mir, durch ein Spalier von Marmorstatuen auf die Terrasse, wo eine reich gedeckte Tafel die Gäste erwartete. Mein Name und der Grund meines Besuchs schienen ihm entfallen zu sein, denn er fragte mich, wedelnd mit dem Brief, den er mir geschrieben hatte, wie ich heiße und was mich zu ihm führe. »Fassen Sie sich kurz«, rief er, nachdem ich ihm den Grund meines Kommens geschildert hatte, »und beschränken Sie Ihren Bericht auf das Wesentliche. Bloß keine überflüssigen Details!« – »Ohne die Details ist meine Geschichte nicht interessant«, wagte ich einzuwenden, »und selbst dann dauert sie mindestens eine Stunde!« – »Zeit ist Geld«, meinte Sir John in keinen Widerspruch duldendem Ton: »Wer in einem Jahr nicht mindestens eine Million verdient, ist für mich kein vollwertiger Mensch!« – »Das finde ich auch«, sagte ich ungefragt, während sich Sir

John, ohne mich weiter zu beachten, seinen Gästen zuwandte.

Ich überspringe das Begrüßungszeremoniell, das so ablief, wie es in der sogenannten guten Gesellschaft abzulaufen pflegt, mit Räuspern und Hüsteln, Verbeugungen und Komplimenten, die sich wie Giftpfeile ins Herz des Gegenübers bohren, denn hinter scheinbar nichtssagender Höflichkeit verbirgt sich oft abgrundtiefer Hass. »Haben Sie Fanny Hills Garderobe gesehen?« – »Ich möchte sie lieber nicht sehen. Sie kommt aus Stuttgart.« – »Wer kommt aus Stuttgart – Miss Hill oder Ihre Garderobe?« Fanny Hill war die Favoritin des Tages; man munkelte, Sir John habe sich im Globe Theatre mit ihr gezeigt und ziehe Miss Hills Gesellschaft der seiner Gattin vor. Ich sonderte mich von der Gesellschaft ab, denn ich hatte keine Lust, an der Konversation teilzunehmen, die sprunghaft von A nach B überging und weiter zu C, ohne ein Thema zu vertiefen; damals wie heute fällt es mir leichter, einer Sache auf den Grund zu gehen, als über ernste Fragen zu scherzen. Wer aber beschreibt meine Überraschung, als mir auf dem schmalen Weg zwischen zwei Rosenbeeten Fanny Hill entgegenkam: Ich weiß nicht mehr, wer zuerst errötete – sie oder ich. Ihre Schönheit blendete mich, und um dem Blick ihrer grünen Augen auszuweichen, verbeugte ich mich, so tief es ging. Dabei versperrte ich ihr den Weg, und gleichzeitig bemerkte ich mit Schrecken den Straßenstaub auf meinen Schuhen und den Angstschweiß auf meiner Stirn. Beides schien sie nicht zu stören – im Gegenteil. »Mir ist kalt«, sagte Miss Hill, die trotz der Mittagshitze fröstelte, »legen Sie den Arm um mich.« Statt ihren Befehl zu befolgen, schlang ich ihr das goldene

Vlies um die Schultern, auf dessen Innenseite ich Buch geführt hatte über die Werke und Tage meines Inseldaseins – nicht mit Tinte, sondern mit Blut. »Danke, es geht schon besser! Setzen wir uns in diesen Rosengarten und erzählen Sie mir, was Ihnen auf Ihrer einsamen Insel widerfahren ist – mit allen Details!«

Ich hatte Vertrauen gefasst, und wir nahmen in einer Gartenlaube Platz, wo ich, betäubt vom Rosenduft, nach passenden Worten suchte, um meine Geschichte einzufädeln ins Nadelöhr der Konversation. »1571, in der Seeschlacht von Lepanto, besiegte die Republik Venedig die Flotte des Sultans.« Ich weiß nicht mehr, warum ich diesen historischen Einstieg wählte, aber ich kam nicht weiter, weil das Läuten der Tischglocke die Gäste zum Dinner rief.

Es gab Schildkrötensuppe; vielleicht war es auch Mockturtlesuppe – der Rest der Speisenfolge ist mir entfallen, während ich, abwechselnd rot und blass, dem Moment entgegenfieberte, da ich auf ein verabredetes Signal hin das Wort ergreifen sollte. Endlich war es so weit. Mit einem wie eine Stimmgabel geformten Löffel schlug Sir John gegen sein Glas, und Fanny trat mir scherzhaft und schmerzhaft ans Schienbein, um mich daran zu erinnern, kein Detail meiner Geschichte wegzulassen, wie ich es ihr versprochen hatte. »Die nahrhafte Suppe, die Sie soeben verspeist haben, stammt von einer Schildkröte«, sagte ich in die sich ausbreitende Stille hinein, »und nur die wenigsten wissen, dass diese bedauernswerten Kreaturen ein biblisches Alter erreichen und vielen in Seenot geratenen Matrosen das Leben gerettet haben. Ich bin, oder vielmehr ich war einer dieser Unglücklichen!«

»Fassen Sie sich kurz«, rief Sir John, dem mein Vortrag schon jetzt zu lang dauerte. »Ihre Redezeit ist umgekehrt proportional zur Lebenszeit einer Galapagos-Schildkröte.« Gelächter und Beifall.

»Die meisten Anwesenden haben den Artikel gelesen, den Richard Steele über Ihre Erlebnisse zu Papier gebracht hat«, fuhr er, sich zu den Gästen verneigend, nach einer Kunstpause fort. »Wir brauchen uns deshalb nicht mit den Einzelheiten Ihrer Reise abzugeben, und ich schlage vor, dass wir gleich zu Fragen und Antworten übergehen.« – »Wie Sie wünschen«, murmelte ich, schlug die Augen nieder und sah durch den Vorhang meiner Wimpern hindurch, wie Fanny ihre Röcke raffte und, eine Karaffe mit Rotwein umstoßend, geräuschvoll die Tafel verließ. Mir war nicht klar, ob sie gegen Sir Johns Eigenmächtigkeit protestierte oder an einer durch Mockturtlesuppe verursachten Migräne litt, und ich hatte keine Zeit, das Problem zu lösen, denn aus dem Publikum meldete sich ein Fragesteller zu Wort.

»Mein Name ist John Bull«, polterte der Gast, der seinem Leibesumfang entsprechend in der Gesellschaft den Ton angab – im Haus von Sir John hießen alle Gäste mit Vornamen John. »Mein Name ist John Bull, und ich habe eine Frage an Mr. Selkirk. Er behauptet, er hätte aus freien Stücken sein Schiff verlassen, aber Mr. Steele schreibt im *Englishman*, der Kapitän habe ihn wegen unbotmäßigen Verhaltens an Land gesetzt. Auf Meuterei steht die Todesstrafe, und im Vereinigten Königreich machen wir mit Meuterern kurzen Prozess. Ich möchte wissen, wie Mr. Selkirk seinen Kopf aus der Schlinge zog!«

»Gibt es sonst noch Fragen?«

»Im *Englishman*«, sagte ein Gast, der dem knarzenden

Akzent nach aus Schottland stammte, »im *Englishman* steht schwarz auf weiß, Sie hätten sieben Jahre auf der einsamen Insel verbracht, aber Ihrer eigenen Aussage nach waren es nur viereinhalb. Haben Sie über Ihre Odyssee Buch geführt? Wenn ja – hatten Sie nichts Wichtigeres zu tun? Oder waren Sie nur viereinhalb Tage dort?«

Der Fragesteller hatte die Lacher auf seiner Seite, und ich weiß nicht mehr, was ich zu meiner Rechtfertigung vorbrachte; meine Antwort ging unter in frenetischem Applaus, der nicht mir, sondern dem nächsten Diskussionsredner galt.

»Im Gegensatz zu den hier versammelten Gentlemen«, sagte ein Typ mit feuerrotem Bart, der mich an William Dampier, einen zum Geographen mutierten Seeräuber, erinnerte: »Im Unterschied zu Ihnen, Gentlemen, habe ich die infrage kommenden Breiten bereist und auf Juan Fernández nach Kokosnüssen und frischem Wasser gesucht. Woher wussten Sie, verehrter Herr, dass der Fußabdruck, den Ihr Freund Freitag im nassen Sand hinterließ, von einem Menschenfresser stammte? Haben Kannibalen anders geformte Füße als Sie und ich? Und wenn es wirklich so war: Warum hat Freitag Sie nicht aufgefressen – oder Sie ihn?«

Getrampel und Gelächter, dem Sir John mit erhobenen Armen, als dirigiere er ein Orchester, Einhalt gebot mit den Worten, er sei gespannt, ob und wie sein Gast sich aus der Affäre ziehen würde. Damit war ich gemeint.

»Sie werden lachen«, sagte ich – zu meiner Überraschung klang meine Stimme ruhig und fest: »Sie werden lachen, denn ich habe tatsächlich über mein unfreiwilliges Exil Buch geführt. Als Pergament diente mir das goldene

Vlies eines Widders, den ich wie einst Jason mit bloßen Händen getötet hatte, und als Tinte benutzte ich mein eigenes Blut!«

»Wo verwahren Sie das goldene Vlies? Können wir es sehen?« Wieder war es Sir John, der sich zum Sprecher der Mehrheit aufwarf.

»Ich habe es Ihrer derzeitigen Favoritin um die Schultern gelegt, weil sie fröstelte, aber ich habe keine Ahnung, wo Miss Fanny Hill sich aufhält und was sie mit dem Widderfell angestellt hat!«

»Hört, hört!« Die Welt hatte sich gedreht, denn diesmal war ich es, der Gelächter und Beifall erntete, während Sir John, rot vor Wut oder vor Scham, den Rückzug antrat. Einen strategischen Rückzug, gewiss, doch angesichts des Stimmungsumschwungs zu meinen Gunsten räumte er schleunigst das Feld.

Ich hatte einen Pyrrhussieg errungen, und statt meinen Triumph auszukosten, der keiner war, ignorierte ich die mir entgegengestreckten Hände und stahl mich grußlos davon. Ich mied die ausgetretenen Pfade, die durch den parkartig angelegten Garten führten, und lief aufs Geratewohl querfeldein. Wer aber beschreibt mein Erstaunen, als mir aus dem Rosenhain, wo ich ihr schon einmal begegnet war, Fanny entgegentrat; nass von Tränen, die ihre Augen noch strahlender machten, eilte sie mir im Laufschritt entgegen und schlang mir mein Vlies um den Hals. »Ich habe Sie überall gesucht. Es tut mir so leid!« – »Was tut Ihnen leid?« – »Es war meine Schuld. Ein so wertvolles Geschenk hätte ich nicht annehmen dürfen. Geben Sie es nie mehr aus der Hand!«

Vergeblich versuchte ich, mich aus der Umarmung zu lösen; Fanny war stärker und zog mich an den Enden des Vlieses, das sie mir wie ein Lasso um den Hals wand, zu sich heran. Sie drückte mir einen Kuss auf den Mund. Ich wusste nicht, wie mir geschah; in Liebesdingen unerfahren, hatte ich nie zuvor das Gefühl verspürt, das in diesem Moment meine Glieder durchrieselte.

Zum Glück begann es zu regnen. Das Wetter in Südostengland ist unbeständig; Sonnenschein und Wolken wechseln miteinander ab, und wer ohne Schirm vor die Tür tritt, ist in Sekundenschnelle bis auf die Haut durchnässt. »Ich muss gehen«, hauchte Fanny mir ins Ohr. »Sir John erwartet mich, und er wird mir nie verzeihen, was heute passiert ist!« Wieder spürte ich eine plötzliche Aufwallung, aber bevor ich mir Klarheit über meine Gefühle verschaffen konnte, entzog ein Rosenbusch sie meinem Blick.

Ich schritt den Hügel hinab, im Rücken das von Säulen flankierte Haus, vor mir das Meer, hinter dessen gekrümmtem Horizont, auf der anderen Seite des Erdballs, die später nach mir benannte Insel lag. Zwischen dunklen Wolken brach die Sonne durch und zeichnete einen Feuerring aufs Wasser, der mir als Glück verheißendes Omen erschien. Jemand war mir gefolgt, ich hörte sich nähernde Schritte, dann ein Räuspern, und als ich mich umdrehte, erblickte ich eine mir flüchtig bekannte Person, die sich, ohne das Wort an mich zu richten, schon vorher an meine Fersen geheftet hatte. Der Fremde trug einen mausgrauen Anzug, der abgetragen, aber nicht schäbig wirkte, und sein Gesicht war so fahl wie das schüttere Haar, das unter seinem Hut zum Vorschein kam, während er sich vor mir verneigte, als sei ich eine adlige Respektsperson.

»Gestatten der Herr, dass ich mich vorstelle. Mein Name

ist Daniel Defoe, doch das ist mein Pseudonym, ein *nom de plume*, wie der Franzose sagt. Ich war als Kaufmann in Frankreich, Spanien und Portugal tätig und wurde fast so reich wie Sir John, aber was ihm bevorsteht, habe ich schon hinter mir. Man hat mich in den Schuldturm gesperrt und an den Pranger gestellt, und um neue Geldquellen anzuzapfen, verlegte ich mich auf die Literatur.«

»Und was, bitte schön, hat das mit mir zu tun?«

»Ich weiß, wer Sie sind«, sagte der Graue übertrieben devot, »und ich möchte Ihnen ein Geschäft vorschlagen, das für uns beide von Vorteil ist. Überlassen Sie mir Ihre Geschichte – ich zahle einen guten Preis!«

»Die Geschichte ist unverkäuflich. Außerdem habe ich sie schon Richard Steele erzählt. Der hat sie bis zur Unkenntlichkeit verfälscht im *Englishman* abgedruckt. Ich war viereinhalb Jahre auf der Insel, nicht sieben, und Menschenfresser sind mir dort nie begegnet. Auch mit Schreiberlingen habe ich nur schlechte Erfahrungen gemacht!« – »Und was hat Mr. Steele Ihnen für die Geschichte bezahlt?« – »Zwei doppelte Whisky und drei Pint Bier!« – »Ich biete mehr!« – »Meine Geschichte ist unverkäuflich!« – »Ich biete trotzdem mehr!«

»Was meinen Sie damit?«

»Ich meine das Widderfell, das Sie so nachlässig um die Schultern geschlungen haben, als sei es nichts wert. Ein Prachtexemplar, ich zahle Ihnen dafür jeden gewünschten Preis!«

»Auch das ist unverkäuflich. Den Bock habe ich eigenhändig erlegt und auf der Innenseite seines Fells über meine Verbannung Buch geführt, mit Schriftzeichen, die außer mir niemand zu entziffern versteht. Sie können nichts damit anfangen!«

»Das lassen Sie meine Sorge sein!«

Er warf mir seinen prall gefüllten Beutel zu, und als ich ihn aufschnürte, sprang mir eine Goldmünze in die Hand.

»Topp, der Handel gilt!«

Der Fremde willigte, ohne zu zögern, in das Tauschgeschäft ein. Dann bückte er sich und rollte blitzschnell, mit affenartigem Geschick, das Fell zusammen, verschnürte es zu einem Paket und verstaute es in seinem Mantelsack.

»Auf Jahr und Tag!« Das waren die letzten Worte, die ich von dem Grauen zu hören bekam, der so plötzlich, wie er gekommen war, aus meinem Blickfeld verschwand, als habe er sich in Luft aufgelöst oder als habe der Erdboden ihn verschluckt.

2

Erst im Nachhinein wurde mir klar, wer mir über den Weg gelaufen und wes Geistes Kind der Fremde war. *Foe* ist ein altes englisches Wort für Feind, und ich war gewarnt: Sein graugrüner Teint, der gehetzte Blick und die unziemliche Hast – alles deutete darauf hin, dass mir ein aus der Hölle entsprungener Teufel begegnet war: Mephisto persönlich vielleicht, der nach dem Debakel mit Doktor Faust an der Themse auf Seelenfang ging. Der Gastwirt, bei dem ich logierte, erzählte mir, mein Zimmer sei schon bezahlt – nicht von Sir John, sondern von einem Unbekannten, der seinen Namen nicht habe nennen wollen. Ich packte meine Siebensachen und bestieg eine wartende Kutsche, die mich am teuersten Hotel der Stadt absetzte, wo ich keine Dachkammer, sondern eine luxuriöse Suite bezog. Fortan hatte ich, ganz ohne mein Zutun, die Taschen voller Geld. Der plötzliche Reichtum verschaffte mir viele Annehmlichkeiten, aber mein Ruhm war mir vorausgeeilt, und wo immer ich ging oder stand, erscholl von allen Seiten der Ruf »Robinson«. Die Presse steckte damals noch in den Kinderschuhen, doch der Fortsetzungsroman, den Daniel Defoe zuerst in Zeitungen und später als Buch veröffentlichte, führte ein Eigenleben, das sich dem Einfluss des Autors wie dem seines Helden entzog. »Robinson Crusoes seltsame und überraschende Abenteuer, von ihm selbst erzählt«: So lautete der Titel des auch in Raubdrucken, Bearbeitungen und unautorisierten Übersetzungen verbreiteten Romans, demzufolge ich einen Wilden namens Freitag aus den Händen von Kannibalen gerettet und anschließend versklavt hätte. Damals bestand die Mehrheit der Bevölkerung aus Analphabeten, die meine ohnehin phantastische Geschichte mit erfundenen Details ausschmückten. Vergeblich warf ich Geld aus dem Fenster, um die Menge zu zerstreuen, die jubelnd hinter meiner Kutsche herlief – die Kupfermünzen lockten noch mehr Gassenjungen an, und wieder drang der Ruf »Robinson!« an mein Ohr. Am Tower vorbeifahrend erblickte ich Sir John, der mir, zum Skelett abgemagert, durch die Gitterstäbe zuwinkte – so schnell hatte die Voraussage des Grauen sich erfüllt. Dasselbe Schicksal stand mir bevor. Ich beschloss, die größtmögliche Distanz zwischen mich und meine Heimat zu legen, sagte England Lebewohl und heuerte auf einem Walfänger an. Der Kapitän des Schiffes war William Dampier, und das Walfangboot war in geheimer Mission unterwegs, um mit Goldschätzen beladene spanische Galeonen zu kapern – es durften auch Sklavenschiffe sein, denn in den britischen Kolonien wurden die Arbeitskräfte knapp.

3

Seit dem Weggang von meiner Insel hatte ich keine Kirche mehr betreten, geschweige denn einem Gottesdienst beigewohnt. Stattdessen trieb ich mich in Spelunken und Bordellen herum und machte so den Gottseibeiuns auf mich aufmerksam, der einen Teufelspakt mit mir schloss: Er sorgte diskret dafür, dass stets Geld in meinen Taschen klirrte, das sich von selbst vervielfachte, weil man mir mehr herausgab, als ich zahlte. Als Gegenleistung hatte ich ihm, ohne es zu wissen, meine Seele verkauft in Gestalt eines Widderfells, das mich in kühlen Nächten gewärmt hatte und mir jetzt fehlte, wenn ich mich schlaflos im Hotelbett wälzte und vergeblich darüber nachsann, was in meinem Leben schiefgelaufen war. Ich verdingte mich auf einem Walfänger – ich sagte es schon – und es kam mir gelegen, dass der Kapitän die Mannschaft dazu verdonnerte, am Sonntagmorgen vor dem Auslaufen des Schiffes einen Gottesdienst zu besuchen. Auf diese Weise schlug William Dampier zwei Fliegen mit einer Klappe: Er wollte die Moral stärken und seinen ramponierten Ruf aufbessern mit dem Ziel, vom ruchlosen Piraten zum Admiral der Krone zu werden, der die *Pax Britannica* verkörperte und Recht und Gesetz zum Durchbruch verhalf.
Ich liebte die Geschichte von Jonas und dem Wal, und

ich hatte nichts dagegen, mir von einem Pastor die Leviten lesen zu lassen, aber es kam anders: Statt meinen Saufkumpanen und mir ins Gewissen zu reden und uns mit Donnerworten zurückzurufen auf den richtigen Weg, hielt der Pfarrer eine nichtssagende Predigt, deren säuselnder Ton noch übertroffen wurde von ihrer Inhaltslosigkeit: »Hoffnung macht froh, sodass ihr, solange ihr hofft, froh und guter Hoffnung seid, denn wer hofft, der ist froh, und so lasset uns also alle miteinander voller Freude und guter Hoffnung sein!«

Als ich vom Gesangbuch aufblickte, sah ich, dass die gesamte Mannschaft eingenickt war: Narbenbedeckte Harpuniere und tätowierte Matrosen, die sich weder an Land noch auf See mit Ruhm bekleckert hatten, schnarchten um die Wette, nur William Dampier sang, den Kanon der Schläfer übertönend, das von der Orgel angestimmte Lied, um zu demonstrieren, dass kein gottloser Korsar in ihm steckte, sondern ein frommer Christ. Erst später, auf hoher See, begriff ich, dass die salbungsvolle Predigt nicht so schlecht gewesen war, wie ich glaubte, und Bezug genommen hatte auf die *Bachelor's Delight* – so hieß der Dreimaster, auf dem ich anheuerte.

Nomen est omen, denn es gibt einen unterirdischen, nein: unterseeischen Zusammenhang zwischen Hochzeit und Seefahrt, dessen hier gedacht werden muss. Die Braut des Matrosen ist das Meer, wenn man Sprichwörtern Glauben schenkt, und wer in den Hafen der Ehe einläuft, hängt die Teerjacke an den Nagel und wird zur Landratte, die sich im schaukelnden Ehebett wohler fühlt als auf schwankenden Schiffsplanken. Doch die Beziehung zwischen Seefahrt und Hochzeit ist komplexer, als der gesunde Menschenverstand glaubt, und es genügt, den englischen Dichter Coleridge zu zitieren, dessen *Ancient Mariner* den Trauzeugen davon abhält, ein Hochzeitsfest zu besuchen, indem er ihm die Horrorstory von einem todbringenden Albatros erzählt; erst als das Brautpaar die Kirche betritt, wird der Bann gebrochen. Der Held von Heinrich Heines und Richard Wagners *Fliegendem Holländer* ist Junggeselle, ein Wiedergänger des Ewigen Juden, den nur die Liebe vom Umherirren auf dem Meer erlöst, und selbst der Lübecker Binnenschiffer Thomas Mann ging auf Brautschau in Venedig, wo er auf homoerotische Abwege geriet. Kafkas *Jäger Gracchus* schließlich, ein bis heute ungelöstes Rätsel der Literaturgeschichte, bricht sich auf der Gemsenjagd das Genick und irrt seitdem mit seiner Barke zwischen Tod und Leben herum: Der von Tauben umflatterte Tote wird in Riva an Land gebracht und im Rathaus aufgebahrt, wo sonst Hochzeiten gefeiert werden. Gracchus ist das lateinische Wort für Dohle, und der Text spielt ebenso auf Kafkas Heiratsversuche an wie auf seine nächtlichen Schreibexerzitien, wobei kritisch anzumerken ist, dass es im Schwarzwald keine Gemsen gibt.

4

Als ich die Kirche verließ, trat mir eine Zigeunerin in den Weg und wollte mir aus meinen Handlinien die Zukunft weissagen. Ich schubste sie grob zur Seite, und das alte Weib rief mir ein Schimpfwort nach, das ich nur halb verstand – bis heute weiß ich nicht, ob es sich um einen Fluch oder Segenswunsch handelte. Das Wort hieß

Gracchus, aber da ich nicht aus einem römischen Patriziergeschlecht stamme, bezog ich es nicht auf mich: Erst als das Schiff in See stach, dämmerte mir, dass es eine lautmalerische und daher volkstümliche Bezeichnung für Nebelkrähen war, zu denen auch der Albatros zählt.

Die *Bachelor's Delight* strafte ihren Namen Lügen, denn beim Auslaufen fanden sich Bräute und Mütter der Matrosen an der Kaimauer ein und winkten mit Tüchern und Tränen in den Augen dem Dreimaster nach, der, rasch kleiner werdend, am westlichen Horizont verschwand.

Unser Schiff ließ die Bretagne Backbord und Irland Steuerbord liegen und lief, vom Passat beschleunigt, ins offene Meer hinaus. Auf halbem Weg zwischen Kanaren und Azoren machte es eine Kehrtwendung und segelte mit der aufgehenden Sonne links, der untergehenden rechts, nach Süden, der Linie entgegen, wie der Äquator damals hieß. Auf Sankt Helena löschten wir die Ladung und nahmen Trinkwasser und Frischfleisch an Bord. Obwohl sich häufig Wale zeigten – Rudel von Schweinswalen und Delphinen gaben dem Schiff das Geleit, und Pottwale bliesen haushohe Fontänen in die Luft –, ließ Captain Dampier kein Walboot zu Wasser und fuhr weiter südlichen Kurs, den Falkland-Inseln entgegen. Die *Bachelor's Delight* durchquerte die *Roaring Forties* und die *Furious Fifties* – so heißt das Seegebiet vor der Küste Patagoniens, und die stürmische Drake-Passage machte ihrem Namen Ehre: Der Wind türmte die lang gezogene Atlantikdünung zu furchterregender Höhe auf, schwere Seen krachten aufs Vorder- und Achterdeck, ein Albatros schwebte auf den Flügeln des Sturms, und passend dazu riss ein Brecher den Ersten Offizier über Bord, der vor aller Augen im Meer versank. Der Kapitän übertrug mir seinen Job, weil ich als einziges Mitglied der bunt zusammengewürfelten Mannschaft, die nur aus Leichtmatrosen und im Dienst ergrauten Harpunieren bestand, etwas von Seefahrt verstand. Am nächsten Morgen war das Meer spiegelglatt: Die zirkuläre Strömung der antarktischen Konvergenz, die sich gegen den Uhrzeigersinn dreht, lag hinter uns, Eisschollen schwammen vorbei, die sich zu Pfannkuchen verdichteten, zu Eistorten verdickten und zu Eiskathedralen emporwuchsen, in deren Innerem bengalische Feuer glühten. Fröstelnd unter meiner Teerjacke gab ich den Eisbergen Phantasienamen wie Tower Bridge und Westminster Abbey, Eiffelturm und Arc de Triomphe – dass die beiden Letzteren erst nach meinem Tod errichtet wurden, zeigt, dass und wie ich im Eismeer die Zukunft voraussah.

FORTSCHREIBUNG MEINER SELBST (1)

19. Juli 2018. Ich schreibe mich fort im doppelten Sinn von weiter und weg – dorthin, wo ich mir selbst am fernsten bin. Gestern Krankenbesuch im St.-Joseph-Hospital bei Christoph Ludszuweit. Er sieht aus wie ein KZ-Häftling, abgemagert zum Skelett, nur die brennenden Augen sind voller Leben, irrlichternd in Todesangst, doch sein Gehirn funktioniert einwandfrei, obwohl er sich mit Marihuana und Haschisch fast um den Verstand gekifft hat. Christoph hat Krebs im finalen Stadium, Dünndarmkrebs, der auch seinen Vater umbrachte, und hat mehrere Klinikaufenthalte mit Operationen, künstlichem Koma und Bestrahlungen hinter sich. Jetzt ist er »austherapiert«, wie es im Ärztejargon heißt, sprich untherapierbar, und wartet auf einen Platz im Hospiz, den Dr. de Ridder ihm besorgen will. Aber womöglich ist es dazu schon zu spät, denn er hat nur noch wenige Wochen (oder Tage) zu leben, wer weiß?

»Ich bin ein Stehaufmann!« Mit diesem ständig wiederholten Ruf und mit der Behauptung, er habe unverschämtes Glück, empfängt Christoph mich an seinem Kranken-, nein Sterbebett: Glück, Freunde zu haben wie mich, die ihn regelmäßig besuchen, vor allem aber Glück mit seiner Freundin aus Kopenhagen, die bei diesen Worten diskret das Zimmer verlässt. Sie ist am Ende ihrer Kräfte, psychisch und physisch, ihre Hände zittern, sie kann nicht mehr, seit Weihnachten, über ein halbes

Jahr, pflegt sie einen Todkranken, der seine Ausschei-
dungen in Plastikbeuteln voll Blut, Kot oder Urin bei
sich trägt, aufgehängt an einer Art Garderobenständer,
Christoph nimmt nur noch flüssige Nahrung zu sich,
Suppen und Eiskaffee, dabei kocht er so gern: »Ich bin
ein exzellenter Koch«, sagt er von sich und entschuldigt
sich, dass die Äckschen genannte Aktion, die wir planten, nun doch nicht stattfinden kann. Dabei hatte er
einen Keller in Kreuzberg ausgeguckt, in dem wir einen
prominenten Politiker einsperren wollten, die Kanzlerin
kommt nicht infrage, die mag und respektiert er neuerdings, Andrea Nahles vielleicht? Nein, lieber nicht, denn
die könnte ihn niederringen mit ihrem Übergewicht.
»Kräftemäßig schaff ich's nicht mehr, aber ich hab 'ne
bessere Idee, die du albern finden wirst, Donald, ich meine den US-Präsidenten, abzuknallen mit einer Schrot-
ladung, das schaffe ich noch!«

Als ich vor Jahren vorschlug, etwas Spektakuläres zu unternehmen, das man uns Senioren nicht mehr zutraute,
wie die Entführung eines Politikers, war Christoph sofort Feuer und Flamme, ohne zu merken, dass ich mich
lustig machte über ihn. Oder hat er es doch gemerkt?

Sein Vater war Buchhändler in Hannoversch Münden
am Zusammenfluss von Fulda und Werra und veranstaltete Lesungen prominenter Autoren wie Günter Grass,
Uwe Johnson, und Günter Bruno Fuchs, die bis zum
Morgengrauen mit ihm soffen. Vermutlich stammt daher seine Liebe zur Literatur, von der er nicht allzu viel
versteht, obwohl er über B. Traven promoviert und Bücher von mir besprochen hat in Rezensionen, die so

schlampig geschrieben waren, dass ich Grammatikfehler korrigieren musste. Trotzdem wurden die Texte in Zeitungen gedruckt, zuletzt in der Anarcho-Postille *Graswurzelrevolution*.

Kennengelernt habe ich Christoph Ludszuweit an der Universität von Nsukka, der Hauptstadt von Igbo-Land, gegen das die Zentralregierung in Lagos nach dessen Abspaltung einen blutigen Krieg führte. Er war DAAD-Lektor dort, machte mich mit Chinua Achebe bekannt, dem berühmten Schriftsteller, und stellte mir den Kaiser der Igbos vor, der in einer Lehmhütte hauste und mir zum Abschied eine Kola-Nuss überreichte, die ich als Glücksbringer in der Schreibtischschublade aufbewahre. Ludszuweits Frau kam aus Asmara, und ich stritt mit ihr über Fidel Castro, den sie kritiklos verehrte, weil Kuba die eritreische Befreiungsfront unterstützt hatte, bevor Castro die Seiten wechselte und zu Äthiopien überlief. Jahre später, als ich ihn in Namibia wiedertraf, hatte Christoph sich von seiner Frau und den Töchtern getrennt – oder diese von ihm – und moderierte eine Radiosendung für junge Namibierinnen, eine schöner als die andere, Kinder von SWAPO-Kämpfern, die in der DDR aufwuchsen und kurz nach dem Mauerfall, als Namibia unabhängig wurde, nach Windhuk ausgeflogen wurden, das sie nur vom Hörensagen kannten. Jahre später besuchten wir Nairobi auf Einladung der kenianischen Botschaft in Berlin und glitten im Fesselballon über Herden von Elefanten, Gnus, Giraffen und Kaffernbüffeln hinweg, deren Leitbullen Christoph durch Zurufe reizte, bis er mit gesenkten Hörnern auf unser Auto losstürmte: »Don't tease the animals!« Doch das gehört in ein anderes Kapitel dieser Geschichte.

Nachtrag zum Klinikbesuch: Der grüne Arztkittel, den die Schwester mir überstreift, dazu Gummihandschuhe mit Fingerhülsen wie leere Wurstpellen. »Wenn du die nicht anziehst, kriegst du Ärger auf der Intensivstation!«

Christoph liest einen dicken Wälzer über den Krebstod von Terzani, Spiegelkorrespondent im Vietnamkrieg, und kritzelt Notizen auf die Innenseiten des Buchumschlags für die Autobiographie, an der er arbeitet. »Noch drei Monate brauche ich, aber die gibt man mir nicht – Scheiße!« Mit »man« ist Gott gemeint.

21. Juli, morgens. Wirrer Traum. Ich durchstoße eine Oberfläche aus zähem Belag, der an den Boden eines Schlauchboots erinnert, und finde mich wieder im Paradies, elysäische Gefilde (von lyo, ich löse, das erste griechische Verb, das ich in Marseille auf der Hängematte schaukelnd konjugierte: lyo, lyso, elysen, lelyka usw.) Blaue Berge, blauer Himmel, blaues Meer, eine arktische Landschaft von atemberaubender Schönheit, bevölkert von Untoten, die Tote missbrauchen – oder umgekehrt: Analverkehr – andere Verkehrsformen gibt es hier nicht. Der Albtraum ist das Ergebnis eines Synergieffekts von dänischem Aquavit mit Zigarren aus Honduras, die Kopfschmerzen verursachen.

23. Juli. Die ältesten Einwohner erinnern sich nicht, eine so extreme Hitze und Trockenheit erlebt zu haben. Seit Monaten hat es nicht mehr oder nur tröpfchenweise

geregnet, Alleebäume (Platanen) werfen Rinde ab, die auf dem glühend heißen Trottoir unter den Sandalen knirscht, am Halm verdorrtes Getreide muss notgeerntet werden, tagsüber steigt das Thermometer auf sechsunddreißig Grad, nachts kühlt es kaum noch ab. Dazu die üblichen Begleiterscheinungen: Illegale Autorennen auf dem Kudamm, Radfahrer, die Fußgänger umnieten, Messerstecher im BVG-Bus, wild um sich schießende Amokläufer und neue Arten von Moskitos, Miniermotten und Prozessionsraupen – *Berlin Tropical*.

Im Krieg zwischen Äthiopien und Eritrea interviewte Christoph die Botschafter beider Staaten, und weil keine Zeitung die Interviews drucken mochte, erschienen sie im Obdachlosenmagazin *MOTZ* – zum Ärger der Diplomaten, die sich verschaukelt fühlten. In diesem, aber nur in diesem Punkt zogen die Kriegsgegner am selben Strang.

3. August. Heute ist Freitag, und vorgestern, am Mittwochnachmittag, starb mein Freund Christoph Ludszuweit friedlich, nein unfriedlich im Bett, Zimmer 255, Station 20 im St.-Joseph-Krankenhaus, wo sein Leidensweg kurz vor Weihnachten begann und jetzt endete. Schon im Januar, als ich ihn dort besuchte, lag er im Koma, aus dem er sechs Wochen später erwachte, um neue Eingriffe und Quälereien über sich ergehen zu lassen. Gott, falls es ihn wirklich gibt, ist sadistischer als die Inquisition. Ich bin ein Stehaufmännchen, pflegte er zu sagen, nicht Gott, sondern Christoph, und mir kamen die Tränen, als seine Tochter mir am Telefon die Todesnachricht mitteilte. Ich hatte es geahnt, denn seit Sonntag hatte ich nichts mehr von ihm gehört, obwohl

er sonst auf E-Mails und Anrufe prompt reagierte. Beim letzten Klinikbesuch, wo ich ihn nur kurz sah und dann wieder ging, nachdem ich zwei Stunden vergeblich auf ihn gewartet hatte, war er klapprig, aber euphorisch überdreht infolge der hochdosierten Medikamente, mit denen er seine Schmerzen bekämpft.

Christophs Tod war kein sanftes Hinüberdämmern – im Gegenteil: Vorausgegangen war eine Höllenfahrt, wie Gerd-Peter Eigner sie in seiner Novelle *Lichterfahrt mit Gesualdo* schildert: Sein Freund Peter von L., dessen Geschichte einen eigenen Eintrag in diesem Text erfordern würde, wollte ihm seinen letzten Wunsch erfüllen, den Besuch eines Konzerts von Youssou N'Dour, und fuhr mit dem Todkranken auf dem Rücksitz – vorn konnte er nicht sitzen, weil der Sicherheitsgurt den künstlichen Darmausgang abschnürte – von Berlin nach Brüssel: Eine Höllenfahrt bei Temperaturen von vierzig Grad, aber es hat geklappt, spätabends checkten sie im Stadtteil Molenbeek ein, wo der Bombenanschlag am Airport von Brüssel und der Massenmord im Pariser Club Bataclan geplant wurden – der Haupttäter stammte von dort – am Freitagabend besuchten sie das Konzert, aber während eine Vorgruppe spielte, brach Christoph in der Hitze zusammen, und Peter brachte ihn zurück ins Hotel, wo er sich eine Suppe aufs Zimmer bringen ließ, die er nicht mehr aß. Peter fuhr zum Konzert zurück, und während die Musik von Youssou N'Dour ihn in Trance versetzte, wand Christoph sich in Krämpfen im Hotel, dessen Zimmer er unabsichtlich verbarrikadierte, Klotür und Eingangstür blockierten sich wechselseitig, bis Peter ihn mühsam befreite, der marokkanische

Nachtportier war entsetzt, hatte aber ein Einsehen, als Peter ihm die Situation erklärte, und am nächsten Tag fuhren sie nach nervigem Hin und Her nach Berlin zurück. Fast wäre Christoph auf der Rückfahrt gestorben, er bekam Kreislaufprobleme und wollte wissen, wie man den Übergang vom Leben zum Tod schafft – so als wisse Peter mehr darüber als er selbst. Der lieferte ihn spätabends halb tot, aber noch bei Bewusstsein, im Krankenhaus ab, wo er ins Koma hinüberglitt, aus dem er nicht mehr erwachte. »Der Patient ist nicht zu sprechen«, sagte die Stationsschwester am Telefon, »es geht ihm nicht gut, aber er hat Besuch«, und in diesem Augenblick wurde mir klar, dass Christoph im Sterben lag. Wie und warum zur selben Zeit mein PC abstürzte, gehört in ein anderes Kapitel dieser deprimierenden Geschichte.

PS:

Um Geld zu sparen, wird Christoph Ludszuweit in Polen eingeäschert, wobei man nicht sicher sein kann, ob die in der Urne befindliche Asche wirklich von dem Verstorbenen stammt.

AUS DEM LEBEN MEINES URGROSSVATERS

1

Dies ist die Geschichte meines Urgroßvaters Sylla Laraque, ein Gegenentwurf zum Leben meines Großvaters George Buch, der von König im Odenwald nach Haiti auswanderte und dort auch begraben liegt. Sylla Laraque ging den umgekehrten Weg, von Port-au-Prince nach New York und von dort nach Paris, wo er Ende des 19. Jahrhunderts zum drittreichsten Mann Frankreichs wurde, ein märchenhafter Aufstieg für einen Haitianer, dessen spektakuläre Karriere durch Dokumente und Fotos belegt ist: Parallelbiographien im Sinne Plutarchs, die sich als Asymptoten im Unendlichen schneiden, falls man das Nachleben so nennen will, das mein Text den Protagonisten dieses Buches beschert. Oder soll ich Nachbeben sagen?

Der Vorname Sylla hat nichts zu tun mit dem gleichnamigen Königreich, das zur Zeit der Merowinger Korea beherrschte, auch nicht mit dem Handelsimperium der Soninke, die ihre erstgeborenen Söhne Sylla nannten, in Westafrika. All das liegt zu weit ab vom Schuss, denn in Haiti, wo Sylla Laraque 1850 geboren wurde, waren und sind antikisierende Namen in Umlauf, Gärtner und Chauffeure, Nachtwächter und Schuhputzer heißen hier Cicero oder Cäsar, Sokrates oder Alcibiades. Das legt die Vermutung nahe, dass der Vorname Sylla, auch Syllah

geschrieben, auf den römischen Feldherrn Sulla zurück-
geht, der sich illegal bereichert und zum Diktator aus-
gerufen haben soll, *legibus scribundis et rei publicae consti-*
tuendae, um Gesetze zu erlassen und den Staat zu
stärken: Ein skrupelloser Usurpator wie sein Namens-
vetter, der, wie wir sehen werden, vor nichts zurück-
schreckte. Aber ich will die Geschichte von Anfang an
erzählen, so wie sie sich wirklich zugetragen hat.

2

Ich heiße Sylla Laraque, die Leser wissen es schon. Zu
den Legenden, die sich um meine Person ranken, gehört
das Gerücht, ich sei ein Abkömmling des Schriftstellers
Alexandre Dumas, dessen Vater als illegitimes Kind
eines Kolonialherren und einer Sklavin auf Haiti geboren wurde, bevor er in der französischen Revolution zum
General avancierte; Napoleon soll ihn degradiert haben
mit der Begründung, er wolle keine Epauletten auf den
Schultern von Negern mehr sehen. General Dumas tat
sich nicht nur auf dem Schlachtfeld hervor: Einen eifer-
süchtigen Ehemann, der ihn mit seiner Frau in einer
Theaterloge ertappte, soll er über die Brüstung geworfen
und später im Duell getötet haben. Mein heißblütiges
Temperament, meine außerehelichen Affären – ich habe
über zwanzig Kinder gezeugt – und meine Liebe zu
Luxus und Wohlleben gelten als Beweis für diese These,
ebenso wie die Tatsache, dass die Familien Laraque und
Dumas aus Jérémie stammen, einer Stadt im Süden
Haitis, deren Name an biblische Klagen erinnert. Mein
Urahn Louis le Phébur de Larac, Procureur du Roi in

Port-au-Prince, war Sklavenhändler von Beruf, was ihn nicht daran gehindert hat, uneheliche Kinder in die Welt zu setzen – ganz im Gegenteil. Eins dieser Kinder, eine Quarteronin namens Louise Amable, Tochter von Phébur de Larac und Marie Madeleine Goulard, wurde 1749 in Croix-des-Bouquets getauft, wo ein adliges Ehepaar, Louis La Toison de Rocheblanche und seine Frau Louise Amable de Caradeu, als Taufpaten fungierten. Das ist urkundlich bezeugt und zeigt, in welch hohen Kreisen meine Vorfahren verkehrten.

Louise Amable war meine Urgroßmutter; sie hatte vier Kinder, deren ältestes, der 1769 geborene Philippe Laraque 1790, im Jahre null der Französischen Revolution, die Mestizin Marthe Dandresol heiratete; nach Ausrufung der Unabhängigkeit diente er der Republik Haiti als Senator. Aus der Ehe gingen sieben Kinder hervor, deren jüngstes, Jean-Baptiste Florimond, 1832 Elmire Lorquet heiratete, die elf weitere Kinder gebar, nachdem sie mich am 24. Juni 1850 zur Welt gebracht und auf den Namen Jean Wolsant Sylla hatte taufen lassen.

3

Haiti war immer schon Himmel und Hölle zugleich. Ich habe beides durchlebt, zuerst das Paradies, später die Hölle, der ich um Haaresbreite in letzter Minute entkam. Meine Eltern liebten mich abgöttisch, und ich war umhegt von Kindermädchen, die mir jeden Wunsch erfüllten, allen voran meine Amme Annaise, der ich bei ihren intimsten Verrichtungen zuschaute. Nichts war verboten, alles erlaubt, und ich wuchs heran zu einem kleinen Monster, das keinen Widerspruch duldete und Dienstboten wie jüngere Geschwister mit seinen Launen terrorisierte. Ich trampelte wie Rumpelstilzchen aufs Parkett, wenn man mir einen Wunsch nicht erfüllte, und wenn mir das Essen nicht schmeckte, zog ich wie Zappelphilipp an der Tischdecke, bis Teller und Schüsseln mitsamt den Speisen am Boden landeten. (Dass Rumpelstilzchen und Zappelphilipp mir erst Jahre später in Deutschland begegnet sind, sei in Klammern hinzugefügt.) Annaise fegte die Scherben auf, mein Vater schlug sich auf die Schenkel vor Freude über das tyrannische Temperament seines Sohns, das als gutes Omen galt, und die Mutter belohnte meine Untaten mit einem Kuss.

Die Ursprünge dieses unsozialen Verhaltens habe ich erst später begriffen, als ich Haiti für immer verließ. Die postkoloniale Gesellschaft war tief gespalten in die Mulattenbourgeoisie, der ich entstammte, und die Nachkommen schwarzer Sklaven, also die Masse der Bevölkerung, die arm und ungebildet war. Weiße, besonders Franzosen, spielten keine Rolle mehr; man hatte sie ermordet oder vertrieben; nur Engländer, Amerikaner und eine Handvoll Deutsche wurden als Handelsvertreter, Kaufleute oder Diplomaten im Land geduldet. Sie waren gern gesehene Gäste in den Häusern reicher Mulatten, mit denen sie lukrative Geschäfte machten. Auch Ehen wurden hier angebahnt, denn die Aufhellung der Hautfarbe gilt bis heute als ein erstrebenswertes Ziel. Das kreolische Sprichwort »nèg riche c'est mulat', mulat' pauv' c'est nèg« (Ein reicher Neger ist ein Mulatte, ein armer Mulatte ist ein Neger) zeigt, dass es mehr um Klassenkampf als um Rassenkampf ging.

Die Kolonialzeit mit großflächigen Plantagen war vorbei; an ihre Stelle trat eine kleinteilige Subsistenzwirtschaft, die Zuckerrohr, Kaffee, Baumwolle und andere Produkte für den lokalen Bedarf erzeugte und nur in geringen Mengen exportierte. Haitis Kleinbauern waren auf Gedeih und Verderb von Zwischenhändlern abhängig, die den Preis der Waren diktierten und diese mit hoher Gewinnspanne weiterverkauften. Die selbst ernannte Elite schickte ihre Kinder zur Ausbildung in die USA oder nach Europa; sie hatten das Bildungsprivileg, und ihre Arroganz war sprichwörtlich: »Ich möchte ein Ei«, sagt eine Dame aus der Oberschicht zu einer Marktfrau. »Es gibt keine Eier!« – »Dann nehme ich zwei!« Die Mulatten hatten die wirtschaftliche Macht, die politische Macht aber lag in den Händen der schwarzen Mehrheit, die hellhäutige Staatschefs nur in Ausnahmefällen und auf begrenzte Zeit duldete: Ein auf Hassliebe beruhendes Doublebind, das die Oberschicht zwang, sich sowohl mit ausländischen Exporteuren wie mit der einheimischen Unterschicht zu arrangieren und deren Interessen zu berücksichtigen. Das wiederum war und ist ein weites Feld für die in Haiti endemische Korruption.

4

Ich besuchte die örtliche Lateinschule, wo aus der Bretagne stammende Lehrer uns die Gebote der Bibel und die Regeln der französischen Grammatik einbläuten; den

Monolog des Cid: »Ô rage, ô désespoir, ô viellesse ennemie, n'ai-je donc tant vécu que pour cette infamie«, lernte ich auswendig hersagen, und den Flächeninhalt eines gleichschenkligen Dreiecks berechnete ich in Nullkommanix. Wegen meines mathematischen Talents gab mein Vater mich in die Lehre zu einem Amerikaner, der Kaffee aufkaufte und in Jutesäcke verpackt nach Baltimore und Philadelphia exportierte, ein einträgliches Geschäft, weil Kaffee aus Haiti, Marke *Haitian Blue*, ein begehrter Luxusartikel war. Mr. McCaine war schottischer Abstammung und hatte einen rotblonden Backenbart; er trank mehr Rum, als ihm bekömmlich war, und behandelte mich, da er kinderlos war, wie den eigenen Sohn. Nach kurzer Einarbeitung, in der ich die doppelte Buchführung und nebenbei Englisch lernte, schickte er mich als Aufkäufer in die Provinz. Dort lernte ich das Kaffeegeschäft mit allen Tricks und Finessen von der Pike auf kennen und lieferte die Kaffeeernte pünktlich im Kontor ab, wo mein Chef, halb betäubt vom Alkohol- und Koffeinaroma, Zahlenkolonnen in sein Geschäftsbuch kritzelte.

Der Wahrheit zuliebe füge ich hinzu, dass weder Mr. McCaine noch die Lehrer der *Frères de l'Instruction Chrétienne* mir zu nah getreten sind. Das war auch nicht nötig, denn meine sexuellen Bedürfnisse – das Wort gab es noch nicht, die Sache aber doch – konnte ich für ein paar Kupfermünzen an jeder Straßenecke befriedigen. Auf diese Weise habe ich entlang der Strecke von Port-au-Prince zu den Kaffeeplantagen im Süden viele milchkaffeebraune Babys gezeugt und so mein Scherflein zur *Aufnordung* der Bevölkerung beigetragen – den Begriff aus dem Wörterbuch des Unmenschen gab es damals noch nicht.

5

Mein Chef war zufrieden mit mir, das wusste ich. Aber
ich war trotzdem überrascht, als er mich an meinem
achtzehnten Geburtstag zum Teilhaber und drei Jahre
später zum Geschäftsführer und Alleinerben seiner
Firma ernannte. Er wedelte mit einem Schriftsatz, den
zuerst Mr. McCaine, dann ich im Beisein des Notars
Maître Lespinasse unterschrieb, und schlug mir so kräf-
tig auf die Schulter, dass ich in den Knien einknickte. In
meiner Erinnerung hatte er Tränen in den Augen. Dann
kippte er, ohne abzusetzen, ein großes Glas Rum hinter
die Binde und stürzte, wie vom Blitzschlag getroffen,
zu Boden, und der eilig herbeigerufene Arzt stellte fest,
dass Mr. McCaine verstorben war. Apoplexie, also Hirn-
blutung war die Diagnose, und weder Herzmassagen
noch künstliche Beatmung riefen den Toten ins Leben
zurück. Maître Lespinasse setzte die Sterbeurkunde auf,
und ich sorgte für das standesgemäße Begräbnis meines
Wohltäters, der im Laraqueschen Familiengrab auf dem
Cimetière National beigesetzt wurde; Vertreter der Mu-
lattenbourgoisie und des diplomatischen Corps gaben
ihm das letzte Geleit. Den schon damals geäußerten Verdacht, ich hätte nachgeholfen und Gift aus der Gallen-
blase des Kugelfischs, das bei Voodoo-Zeremonien Verwendung findet, in sein Rumglas geträufelt, dementiere
ich hiermit in aller Form und habe Maître Lespinasse
instruiert, mit juristischen Mitteln gegen die Verbreiter
solch ehrabschneidender und rufschädigender Gerüchte
vorzugehen.

Was mir mehr schadete, war eine andere Art von übler Nachrede, die der hiesigen Mentalität entsprach und deshalb gläubige Nachbeter fand. Die Haitianer nehmen alles für bare Münze, was man ihnen erzählt, je abstruser, desto besser, und der kreolische Volksmund führte meinen plötzlichen Reichtum auf einen Pakt mit dem Teufel zurück, den Maître Lespinasse, ein stadtbekannter Freimaurer und Voodoo-Adept, beurkundet haben soll. Wie sonst war es zu erklären, dass Mr. McCaine mich zum Alleinerben einsetzte und dann tot umfiel? Wer, wenn nicht Satan, hatte hier seine Pfoten im Spiel?

Das abergläubische Volk weigerte sich, Geschäfte mit mir zu machen, obwohl ich faire Preise bezahlte und kleinen Leuten zur Überbrückung von Notzeiten Kredit einräumte. Das wiederum kam der Regierung zu Ohren, die ein politisches Komplott witterte; angeblich plante ich, an der Spitze einer Bauernarmee die Hauptstadt zu erobern und mich zum Präsidenten Haitis ausrufen zu lassen. Seit dem Sturz des unglücklichen Kaisers Soulouque, der nach seiner Rückkehr aus dem Exil als Clochard am Hafen herumlungerte, seit Soulouques Sturz also wurde Haiti von schwarzen Staatschefs regiert, und es war lange her, dass ein Mulatte die Macht und das Sagen gehabt hatte. Eine paranoide Idee, gewiss, aber nicht ganz abwegig, denn ich hatte genug Geld beiseitegeschafft, um politische Ambitionen zu verwirklichen.

In Haiti sind die Dienstboten stets vorab über alles informiert, und Annaise warnte mich vor der drohenden Festnahme: Also packte ich meine Siebensachen und schiffte mich *stante pede* auf einem nach Amerika aus-

112

laufenden Schoner ein. Mit einem Koffer voll Bargeld ging ich in Ellis Island an Land, während Hafenarbeiter eine Schiffsladung Kaffee entluden, die ich vorsorglich nach New York expediert hatte. Um mich gegen Kursschwankungen abzusichern, hatte ich mein Vermögen in weißem und schwarzem Gold, Silbermünzen und Kaffeebohnen angelegt.

6

Damals gab es weder Visa noch Green Cards, aber jeder Reisende wurde bei der Ankunft und Abfahrt registriert, und mein Name ist noch heute, hundertfünfzig Jahre später, per Mausklick von der Passagierliste abrufbar. Noch zu seinen Lebzeiten hatte mein Ziehvater mich mit Empfehlungsschreiben an Geschäftsfreunde versorgt, und mit diesen Briefen, die mich lobten über den grünen Klee, wurde ich an der Börse vorstellig. Um es vorweg zu sagen: Ich biss auf Granit, denn es gab eine Schranke, die schwerer zu überwinden war als jeder rot-weiß gestrichene Schlagbaum – die Rassenschranke. Und es war ein langer Lernprozess, bis ich begriff, dass die Hautfarbe des Menschen sich seinem sozialen Umfeld anpasst. In Haiti galt ich als Weißer, im Süden der USA als Schwarzer und in New York als Farbiger; und es sollte noch zwei, drei Generationen dauern, bevor Personen dunkler Hautfarbe nicht nur als Putzfrauen, sondern auch als Broker an der Börse willkommen waren. Ich schluckte meinen Stolz herunter und befolgte den Rat eines Freundes von Mr. McCaine, der mich auf eine Marktlücke hinwies: Aus Angst, Termingeschäfte zu verpassen, gingen viele Börsianer noch vor dem Frühstück zur Arbeit. Auf der Wall Street, schräg gegenüber vom Stock Exchange, war ein Ladenlokal zu vermieten, ein Schuppen, dessen Besitzer, ein irischer Alkoholiker, pleitegegangen war, weil Whiskey und Börsenhandel sich nicht vertrugen – nur wenn der Dow-Jones-Index alle Rekorde brach, wurde Champagner entkorkt. Kaffee und Kapitalismus dagegen passten gut zusammen, besonders Kaffee aus Haiti, der, ich sagte es schon, als Geheimtipp galt. Ich mietete den Laden und eröffnete einen Kaffeeausschank namens *Haitian Corner*, der sich großer Beliebtheit erfreute. Anfangs brühte ich selbst das schwarze Gesöff, das im Handumdrehen die Lebensgeister der Börsianer weckte, dann stellte ich Tische und Stühle auf, und weil ich es unter meiner Würde fand, Tassen und Teller abzuwaschen, ließ ich Annaise nachkommen, die das *Haitian Corner* zu einem der gefragtesten Lokale im Süden Manhattans machte. Ihr Frühstück, bestehend aus Eiern mit Schinken, Reis mit Bohnen oder Bratkartoffeln, war legendär, und schon früh am Morgen fanden sich Nachtschwärmer ein, um ihren Kater mit Kaffee zu bekämpfen.

Ich thronte hinter dem Tresen und ließ die Registrierkasse klingeln, während Annaise Geschirr spülte, Tische abwischte und Spiegeleier briet. Als sie die Arbeit allein nicht mehr schaffte, ließ sie ihre Nichte nachkommen, die den Umsatz steigerte, indem sie mit dem Hintern wackelte. Alles war möglich im *Haitian Corner*, nur Alkohol war verboten – das verschaffte mir in Polizeikreisen einen guten Ruf. Meine Kunden waren Börsenjobber, Broker und Buchmacher, und als Dank für das herzhafte Frühstück fielen nützliche Tipps für mich ab, die man mir im Hinausgehen zuflüsterte oder auf die Rückseite der Rechnung kritzelte. Anfangs ging es um Pferdewetten, später kam Insiderwissen über Aktienkurse, Bankenkräche und Firmenpleiten hinzu. Ich fuhr nicht schlecht dabei, denn in einem Jahrzehnt, das durch extreme Ausschläge des Börsenbarometers gekennzeichnet war, verlor ich keinen Cent. Im Gegenteil: Mein Vermögen vermehrte sich, als stünde ich mit dem Teufel im Bunde – bekanntlich scheißt Satan immer dorthin, wo der größte Haufen liegt.

7

Nach Feierabend trug ich Einnahmen und Ausgaben ins Geschäftsbuch ein – die doppelte Buchführung hatte ich von Mr. McCaine gelernt – und versteckte mein Geld in Kisten und Koffern, die ich an einem sicheren Ort verbarg: Ich wusste zu viel über das Geschäftsgebaren der Banken, um Sparkonten und Safes zu vertrauen. Beim ersten Hahnenschrei – um die Betriebskosten zu senken, hatten wir uns Hühner zugelegt – brachte Annaise mir bittersüßen Kaffee ans Bett. Danach spazierte ich zum nah gelegenen Battery Park und sah den chinesischen Kulis zu, die bei Sonnenaufgang ihre Morgengymnastik machten. Als kleines Kind nannte man mich »Ti Chine« (kleiner Chinese) wegen meiner Schlitzaugen, und die Kulis hielten mich für einen der Ihren und luden mich ein, mitzutun. Mit Armen und Beinen malte ich die kalligraphischen Zeichen für Affe und Tiger in die Luft und schnappte Bruchstücke chinesischer Wörter auf, unter anderem die Silbe Qi, die wie das $\pi\nu\varepsilon\tilde{\upsilon}\mu\alpha$ der Griechen Atemhauch und Lebenskraft bedeutet. Ich lernte bewusst zu atmen und auf Machtstreben und ungesunden Ehrgeiz zu verzichten. Solange mein Qi zirkulierte, floss der Geldstrom in meine Kassen, und allmählich dämmerte mir, dass ich in meinem vorigen Leben ein chinesischer Weiser, Deichbauer und Dichter gewesen war. Diese Erkenntnis kam mir zupass.

Nachmittags leerte sich das Lokal. Ich stand an der Theke und beobachtete zwei ältere Herren, die Tee statt Kaffee bestellten und, über eine Landkarte gebeugt, lautstark stritten in einem Kauderwelsch aus Englisch und Französisch, wobei jeder den anderen nur halb oder falsch verstand. Da ich beide Sprachen beherrschte, setzte ich mich unaufgefordert an ihren Tisch und bot meine Dienste als Dolmetscher an. »Es geht um den Panamakanal, nicht wahr?«, sagte ich und zeigte auf die Karte des Isthmus von Darién, der wegen des geplanten Kanalbaus in aller Munde war. »Mein Name ist Su Dongpo, und in meinem vorigen Leben habe ich Dämme und Deiche errichtet, die noch heute, achthundert Jahre später, einwandfrei funktionieren.«

Meine Gäste ließen sich auf das Spiel ein. »Ich heiße Ramses«, sagte der Ältere der beiden, der ein Hörrohr benutzte, wenn er ein Wort nicht richtig verstand, »und habe quer durchs alte Ägypten einen Kanal gebaut, der das Nildelta mit dem Roten Meer verband.« – »Mein Name ist Krösus«, sagte der jüngere Herr, »ich schwimme im Geld und werde demnächst« – er sah nach der Uhr – »unter dem Pseudonym Dagobert Duck in die Geschichte eingehen!«

Ich ließ mich nicht lumpen und zeichnete das Profil von Panama, das damals noch zu Kolumbien gehörte, auf eine Serviette, um zu demonstrieren, dass es technisch unmöglich sei, die Landenge auf Meeresniveau zu durchstechen, weil ein Höhenunterschied von mehreren Hundert Metern zu bewältigen war. Dazu müssten Schleusen errichtet werden; und ich wies darauf hin, dass ein Kanal am Rio San Juan, von der Moskitoküste zum Nicaraguasee, weniger kosten würde. »Zu spät«, meinte der Ältere der beiden: Die Arbeiten seien voll im Gang, der Erdaushub zehnmal so groß wie geschätzt, und jeden Tag stürben Dutzende Kulis an Gelbfieber oder Malaria – »tote Kosten im wahren Sinne des Worts!«

Erst jetzt schwante mir, wen ich vor mir hatte. Der Mann mit dem Hörrohr war Ferdinand de Lesseps, dessen Suezkanal-Aktien seit Fertigstellung des Projekts kontinuierlich zulegten, und der jüngere, der ständig nach der Uhr sah, war James Pierpont Morgan, der reichste Mann der Welt. Die beiden trafen sich in meinem Café, um unbemerkt von Börsenmaklern den An- und Verkauf der Panama-Railroad zu erörtern.

»Sie interessieren mich, junger Mann«, sagte Lesseps: »Vergessen Sie alles, was Sie hier und heute gesehen und gehört haben. Es wird nicht zu Ihrem Schaden sein!« Und er bot mir Panamakanal-Aktien zum Vorzugspreis an mit dem Hinweis, die erste Emission sei überzeichnet, die zweite aber abgesichert durch Frankreichs Staatslotterie. Er rate mir, keine Kanalaktien zu horten, fügte Pierpont Morgan zum Abschied hinzu, sondern sie weiterzuverkaufen mit Gewinnspannen von bis zu hundert Prozent.

8

Ich befolgte den guten Rat, erwarb Panamakanal-Aktien zum halben Preis und verkaufte sie für das Doppelte ihres nominalen Werts, bevor die Spekulationsblase platzte und die *Compagnie Universelle du Canal Interocéanique* sich, ohne Konkurs anzumelden, für zahlungsunfähig erklärte, weil eine Staatslotterie nicht pleitegehen kann und darf. Es war der größte Finanzskandal des 19. Jahrhunderts, bei dem allein in Frankreich achthunderttausend Anleger 1,8 Milliarden Goldfrancs verloren. Von einem Tag auf den anderen waren die Panamakanal-Aktien, die Lesseps' Unterschrift trugen, nichts mehr wert. Die Regierung trat zurück; Parlamentsabgeordnete, Politiker und Journalisten wurden beschuldigt, Bestechungsgelder kassiert zu haben, und trotz seines hohen Alters verbrachte Ferdinand de Lesseps sechs Monate im Gefängnis, ehe er geistig umnachtet verstarb.

Von Hause aus Diplomat, hatte er keine Ahnung von Ingenieurswesen und Finanzen und glaubte, der Bau einer Trasse durch tropischen Urwald sei dasselbe wie das Ausschachten eines Kanals in der Wüste. Den Finanzbedarf wie auch die technischen Schwierigkeiten hatte Lesseps sträflich unterschätzt: Die Panama-Railroad, deren Erwerb zwanzig Millionen Dollar kostete, war eine Schmalspurbahn, die sich nicht auf andere Spurbreiten umstellen ließ, und Menschen wie Material waren nur bedingt tropentauglich. Zum Schutz vor Insekten wurden die Bettpfosten der Arbeiter in Wassereimer gestellt, was die Malariarate sprunghaft ansteigen ließ; auch der von Lesseps entsandte Bauleiter fiel der Seuche zum Opfer, die, was damals noch keiner wusste, von Moskitos übertragen wurde. Statt ursprünglich veranschlagter 850 Millionen verschlang das Unternehmen 1,4 Milliarden Francs, mit Folgekosten von 640 Millionen Dollar, bis die US-Regierung die Baustelle billig aufkaufte, um die begonnene Arbeit zu Ende zu führen. Die Bauzeit betrug vierunddreißig Jahre, neunzigtausend Arbeiter waren im Einsatz, von denen ein Drittel ums Leben kam, und nach Fertigstellung des Kanals im Sommer 1914 wurde die Inbetriebnahme bis Kriegsende verschoben. Der Panamakanal hat zahllose Menschen ins Unglück gestürzt; nur Pierpont Morgan profitierte davon, als US-Marines die Kanalzone besetzten und Panama sich unabhängig von Kolumbien erklärte. Dass Morgan Millionen Dollar in ein als unsinkbar geltendes Schiff namens *Titanic* investierte, steht auf einem anderen Blatt; nur durch Zufall war er bei der Jungfernfahrt nicht an Bord. Das Gerücht, durch Voodoo-Trommeln informiert, hätte ich ihn vor dem schwimmenden Eisberg gewarnt, dementiere ich hiermit ein für alle Mal.

Im internationalen Finanzgeschäft war ich ein Nobody, verglichen mit Pierpont Morgan nur eine Null, aber auch Kleinvieh macht Mist. Da ich den Aktienhandel nicht auf dem Börsenparkett, sondern über Mittelsmänner abwickelte, im Hinterzimmer oder unter dem Ladentisch, geriet ich ins Visier der Fahnder, die Sündenböcke für die Misere suchten. Geprellte Kleinanleger, unter ihnen Feuerwehrmänner und Polizisten, die mein Café frequentierten, liefen mit Protestplakaten die Wall Street auf und ab und schmierten Schimpfwörter an meine Tür, unter denen *Nigger* noch das harmloseste war. Man warf mir vor, illegale Einwanderer nach New York zu schleusen, und mein Café ging in Flammen auf. Der Boden wurde mir zu heiß, und bei der Suche nach einem passenden Wirkungskreis richtete ich meinen Suchscheinwerfer auf Paris. Die Hauptstadt des 19. Jahrhunderts, das noch nicht zu Ende war, bot die beste Bühne für einen Tausendsassa wie mich, der seine multiplen Talente entfalten wollte. Doch bevor es so weit war, musste ich noch einmal Haiti besuchen, um Vermögensfragen zu klären und Außenstände einzutreiben.

9

Habe ich schon erwähnt, dass ich geheiratet hatte? Vor meiner Abreise aus Port-au-Prince hielt ich um die Hand einer jungen Frau an, die ebenso attraktiv wie vermögend war: Olivia Duvivier kam aus einer der tonangebenden Familien Haitis und hatte deren ungebärdiges Temperament geerbt. Während meines New-York-Aufenthalts betrog sie mich mit meinem Cousin, und zur Strafe warf ich sie aus dem Haus. Es stimmt nicht, dass ich die Ehebrecherin nackt vor die Tür setzte und mit Peitschenhieben durch die Straßen trieb, doch der Skandal war Stadtgespräch, und Olivias Eltern haben mir nie verziehen, dass und wie ich ihre Tochter verstieß. Die Ehe wurde annulliert, und ich heiratete Losanna Durand, die bei meiner Rückkehr von einer Stippvisite nach Paris tot im Ehebett lag. Entweder hatte sie Selbstmord begangen, oder meine Gegner hatten sie vergiftet, um ihr oder mir einen Denkzettel zu verpassen, denn auch im Familienkreis gab es Neider und Feinde, die mir den Reichtum missgönnten; seit der Kolonialzeit war und ist Gift eine gefürchtete Waffe in den Händen schwarzer Dienstboten, die sich für echte und eingebildete Herabsetzungen rächen. In dritter Ehe heiratete ich Anne Marie Philomène Derenoncourt, die drei Töchter gebar, bevor sie mir nach Paris folgte und dort sechs weitere Kinder zur Welt brachte. Die Turbulenzen waren damit nicht zu Ende, sie fingen erst richtig an, aber statt mein Liebesleben zu schildern, muss ich von dem politischen Sturm berichten, der sich über mir entlud.

Gefährlicher als erboste Schwiegereltern oder gehörnte Ehemänner wurde mir die Feindschaft eines machtgierigen Generals, dem ich Geld geliehen hatte für seine Wahlkampagne, die wie so vieles in Haiti im Sande verlief; lieber brachte er mein Geld mit seiner Maîtresse durch. Statt den Kredit zurückzuzahlen, behauptete er, es handle sich um eine Parteispende, und schwor in Gegenwart von Zeugen, mich, wenn er meiner habhaft würde, so lange in die Mangel zu nehmen, bis ich ihm mein Vermögen überschrieb. Er hieß Nord Alexis und war ein Enkel des berühmt-berüchtigten Königs Henri Christophe, der sich, um einem Offiziersputsch zuvorzukommen, mit einer goldenen Kugel erschoss. Noch war Nord Alexis nicht Präsident, aber als Chef des Generalstabs unterstand ihm die Polizei, und er ließ Angehörige der Bourgeoisie verhaften und foltern, um Geld zu erpressen, das ihm den Weg zur Macht ebnen sollte. Ich

schrieb ein satirisches Pamphlet, in dem ich die Machenschaften des Generals anprangerte, und schiffte mich
am Tag der Drucklegung nach Le Havre ein; mein Bar-
vermögen hatte ich rechtzeitig außer Landes geschafft.
Annaises Nichte stand weinend am Kai, als das Schiff
ablegte; sie erwartete ein Baby von mir und hatte mich
vor der drohenden Verhaftung gewarnt. Ihre Tante war
in New York geblieben und eröffnete in Harlem, damals
ein Vorort von Manhattan, ein kreolisches Restaurant.

10

Das Schiff der *Compagnie Générale Transatlantique*, mit dem
ich reiste, strandete kurz nach dem Stapellauf an einer
Sandbank und wurde in die Werft zurückgeschleppt,
um überholt zu werden. Der hundertfünfzig Meter lange
Dampfer hatte zwei Schornsteine und wurde von Die-
selmotoren mit neuntausend PS angetrieben, Höchst-
geschwindigkeit 17,5 Knoten; zweihundert Mann Besatzung waren für dreihundertneunzig Reisende der ersten,
fünfundsechzig der zweiten und sechshundert Passagiere der dritten Klasse zuständig. Das Schiff hieß
La Champagne, und trotz oder wegen seines Namens,
der sich auf die gleichnamige Provinz, nicht auf den
Schaumwein bezog, floss der Champagner in Strömen –
nur nicht für mich, denn ich reiste im Zwischendeck, auf
Kisten und Koffern sitzend, die ich keine Sekunde aus
den Augen ließ, denn sie waren, was niemand wusste,
mit Gold- und Silberdollars gefüllt. Eine Mitreisende der
ersten Klasse hatte Mitleid mit mir und versorgte mich
mit Hummerschwänzen und Wachteleiern, die sie beim

Dîner in ihrer Handtasche verschwinden ließ. »Sie sehen nicht wie ein Auswanderer aus«, sagte die Dame, ohne zu wissen, wie nah sie der Wahrheit kam, »eher wie der Graf von Monte Christo, der seine noble Herkunft verbirgt!« Fast hätte ich mich meiner Gönnerin offenbart, doch ich hielt die Zunge im Zaum und wies diskret auf meine Verwandtschaft mit Alexandre Dumas dem Älteren hin. Die Dame revanchierte sich, indem sie den Steward anwies, mir warme Speisen ins Zwischendeck zu bringen, auf ihre Kosten, versteht sich – dass mein Vermögen das ihres im Ehebett schnarchenden Mannes weit überstieg, ahnte sie nicht.

Frag mich nicht, lieber Leser, wie ich es schaffte, meine Reichtümer durch den Zoll zu schmuggeln. Die Antwort ist so einfach, dass niemand sie glauben wird, denn die beste Art, Behörden in die Irre zu führen ist, alle Vorschriften peinlich genau zu befolgen: Nur kleine Fische verheddern sich in den Netzen der Pass- und Zollkontrolle, große schwimmen ungehindert daran vorbei. Ich verzollte ordnungsgemäß das Gepäck und erklärte wahrheitsgemäß, dass ich die französische Staatsbürgerschaft beantragen und mein Vermögen in Frankreich investieren wolle. Für diesen Fall sah der Gesetzgeber ein beschleunigtes Verfahren vor, und man rollte einen roten Teppich für mich aus. Trotzdem vergingen Wochen, bis die Polizei mein Vorstrafenregister überprüft und der Crédit Lyonnais meine Bonität, sprich Kreditwürdigkeit bescheinigt hatte. Dem Panama-Skandal war die Dreyfus-Affäre gefolgt, und zusammen mit dem Antisemitismus wuchs die Ausländerfeindlichkeit, die sich nicht bloß gegen Juden und Deutsche, sondern auch gegen

einen Krauskopf wie mich richtete. Die Hautfarbe eines
Menschen hängt von seiner Umgebung ab, ich sagte es
schon, und als Appelle an die Toleranz nichts mehr
nutzten, spielte ich meine Trumpfkarte aus in Gestalt
von Kaffee, den ich in weiser Voraussicht nach Le Havre
verschifft hatte. Die Mühlen der Ministerien mahlen
langsam, doch mithilfe der Kaffeebohnen aus Haiti
schaffte ich es, den Widerstand der Bürokratie zu brechen und mir die zur Einbürgerung nötigen Papiere zu
beschaffen. Doch ich bin dabei, den Ereignissen vor-
zugreifen.

11

Ich mietete eine Suite im Hôtel Saint-Louis auf der Île
Saint-Louis, die billiger war, als es der klangvolle Name
erwarten ließ, weil sie nur aus einem Zimmer bestand,
und hielt Hof auf der Terrasse des Cafés Les Deux Ma-
gots am Boulevard Saint-Germain oder bei Regenwetter
schräg gegenüber bei Lipp's, weil ein Ortsfremder in Paris nur so viel gilt, wie er sich geltend macht. Hier empfing ich prominente Reporter und Journalisten, denen
ich mein in Port-au-Prince gedrucktes Pamphlet mit
dem schwer übersetzbaren Titel *Forces rétrogrades à Haiti:
Des juges centrifuges sous un président centripète* zu lesen gab.
Nach meiner Abreise hatte General Nord Alexis sich an
die Macht geputscht und einen Auslieferungsantrag an
die französische Regierung gestellt, um mich zur Rück-
zahlung einer fiktiven Steuerschuld von 114.895 Piastern
zu zwingen. Trotzdem machte ich gute Miene und ließ
von einem Notar einen Scheck in Höhe von 9000 Gour-

des, knapp 300 Francs, in der Botschaft Haitis hinterlegen: Diese Summe, so hatten meine Steuerberater errechnet, schuldete ich dem Inselstaat nach Abzug des dem General gewährten Kredits. Die Presse griff die Angelegenheit auf, und unter Hinweis auf gewalttätige Ausschreitungen in Port-au-Prince beantragte ich politisches Asyl, das mir die Regierung ohne zu zögern gewährte. Mein Name war in aller Munde, und ich wurde in den Élyseepalast bestellt, um die Frage zu erörtern, ob Paris seinen Botschafter abberufen oder sich auf verbale Proteste beschränken solle. Ich riet zu Letzterem, um nicht als unpatriotisch zu erscheinen, denn Frankreich war der wichtigste Handelspartner Haitis, das die Anerkennung seiner Unabhängigkeit mit 150 Millionen Goldfrancs erkaufte.

Das Aufenthaltsrecht war geregelt; ich hatte mein Hoteldasein satt und schaute mich um nach einem standesgemäßen Domizil, um nicht nur mir, sondern meiner Frau und Familie Obdach zu bieten. Mein Blick fiel auf die Villa Borghese, so benannt nach einem römischen Palazzo, in dessen Vestibül Pauline Bonaparte, die Schwester Napoleons, nackt auf einem Récamiersofa liegend, einst die Besucher empfing, in Marmor gemeißelt von dem Bildhauer Canova, der nicht mit Casanova identisch ist. Die Villa im vornehmen Neuilly war wie ihr römisches Vorbild ein Stadtpalais mit viertausendfünfhundert Quadratmeter großem Park, in dem sich ein Springbrunnen, ein Teepavillon und ein Gewächshaus befanden. Der Gebäudekomplex mit Portiersloge und Kutschenremise enthielt vierzig Zimmer mit dreißig Bädern, Billardsalon, Heizungs- und Weinkeller und einer

im Souterrain gelegenen Küche mit Lastenaufzug; jedes
Zimmer hatte einen Vorraum zum Empfang von Gästen
und separater Toilette. Das Dach war mit Schieferplat-
ten gedeckt, die Fenster mit Balustraden verziert, und
am Scheitelpunkt der sechzehn Meter breiten Fassade
führte eine Marmortreppe zu einem von Säulen flan-
kierten Tor aus Zedernholz. Wie man sieht, war die Villa
geräumig genug, um meine vielköpfige Familie aufzu-
nehmen. Ich plante für die Ewigkeit, denn noch vor der
Jahrhundertwende erwarb ich eine ewige Ruhestätte im
Friedhof Père Lachaise neben dem Grabmonument von
Oscar Wilde.

12

Man könnte meinen, damit hätte ich für alle Fälle vor-
gesorgt, aber das stimmt so nicht: Auf einem Bein steht
sich's schlecht, und der Mann von Welt braucht neben
seiner Stadtwohnung ein Haus auf dem Land, vielleicht
eins jener Schlösser, die in der von Finanzkrisen ge-
plagten Belle Époque für einen Apfel und ein Ei zu haben waren. Der Crédit Lyonnais gab mir Kredit, wie es
sein Name verhieß, und im April 1894 kaufte ich für
217.050 Francs das bei Compiègne gelegene Schloss
Monchy-Humières, dessen ruhmreiche Vergangenheit
mich ebenso faszinierte wie sein weitläufiger Park. Der
dreiundsechzig Hektar große Besitz, von Paris aus leicht
mit der Bahn zu erreichen, erstreckte sich vom Stadtrand von Monchy bis zu einem am Ufer der Aronde liegenden Wald, durch den eine schnurgerade Allee auf das
Schloss zulief, das in der Französischen Revolution ent-

eignet und später den Eigentümern zurückerstattet worden war. Letzter Besitzer war ein Journalist namens Cohn, der das Schloss bei einer Zwangsversteigerung erwarb und notdürftig instand setzte, bis die Dreyfus-Affäre ihn aus Frankreich vertrieb. Zu dem von einem Turm überragten Haupthaus gehörten Nebengebäude mit Scheunen und Ställen und von der Aronde bewässerte Obst- und Gemüsegärten, sodass die Bewohner, wie einst die Ritter von Humières, sich selbst versorgen konnten.

Nach getaner Arbeit, an Wochenenden und in den Ferien, fuhr ich auf schnellstem Wege nach Monchy-Humières und feierte ein nicht enden wollendes Fest mit Frau und Kindern, Freundinnen und Freunden, zu denen auch der Bürgermeister des Städtchens zählte, der zur Eröffnung des historisch getreu renovierten Schlosses folgende Ansprache hielt: »Monsieur! Edle Charaktere und große Geister erkennen einander sofort. Diese Eigenschaften hat die Gemeinde Monchy bei Ihnen und Ihrer Familie aufrichtig schätzen gelernt. Deshalb ernenne ich Sie hiermit zum Konnetablen der 1733 von Monsieur de Pomponne, Kanzler des Königs und Abt von Saint-Médard, gegründeten Schützengilde, die stolz darauf ist, Sie in ihren Reihen begrüßen zu dürfen. Wir hoffen, Sie nehmen die Wahl an!«

»Sehr geehrter Herr Bürgermeister, verehrte Mitbürger, liebe Freunde«, erwiderte ich. »Ich fühle mich wohl unter Ihnen, und voll tiefer Bewegung nehme ich die Ehre an, der Sie mich für würdig erachten. Die Devise der Schützengilde lautet: Pflichttreue, Einigkeit, Ehrlichkeit.

Möge jeder von Ihnen die Erinnerung an diese festliche Zeremonie nach Hause mitnehmen, trinken wir auf das Wohl Frankreichs und der Bogenschützen von Monchy!«

»Kein Misston trübte die gute Stimmung, in der Monsieur Laraque den Bogen spannte«, schrieb die *Gazette de l'Oise* – bei diesem Selbstlob will ich es hiermit bewenden lassen.

13

Ich überspringe einen langwierigen, kostspieligen Prozess mit meinem Nachbarn Eugène Goujon, der die Beseitigung von Jean III., Ritter von Humières, gepflanzter Platanen verlangte, deren Äste sein Grundstück beschatteten, mit dem Argument, ich hätte kein Recht, in Frankreich tropische Urwälder wachsen zu lassen. Das Gericht gab ihm recht, und nicht zum ersten Mal machte ich die Erfahrung, dass und wie das Rassenvorurteil die Vernunft außer Kraft setzt.

Doch es gibt auch Erfreuliches zu berichten: Inzwischen war meine Frau mit den Kindern aus meiner ersten und zweiten Ehe nachgekommen, zu denen auch der kleine Henri gehörte, den ich vor dem Aufbruch nach Frankreich mit Minette, der Nichte von Annaise, gezeugt hatte. Wie in Haiti üblich, wurden uneheliche Kinder in den Kreis der Familie aufgenommen, und Madame Derenoncourt ließ ihm die gleiche Liebe zukommen, die sie ihren Söhnen und Töchtern entgegenbrachte. Das heißt nicht, dass sie meine Seitensprünge akzeptiert und Konkurrentinnen geduldet hätte – im Gegenteil: Ich hatte mich in die achtzehnjährige Camille Saint-Jacques verliebt, eine aus Martinique stammende Mestizin aus guter Familie, die ich später zu meiner Maîtresse machte, und als Madame Laraque die Rivalin im Ehebett antraf, schlug sie so heftig mit dem Spazierstock auf sie ein, dass dieser in Stücke brach, und setzte sie nackt vor die Tür. Beim zweiten Mal war der Spazierstock ein Regenschirm, der wieder in Stücke zerbarst, und statt mit der Pferdedroschke fuhr sie mit ihrem ältesten Sohn auf einem Tandem vor und warf meine Favoritin aus dem Haus.

14

Mein Appetit war noch immer nicht gestillt. Damit meine ich weder die Lust auf Liebesabenteuer noch kulinarische Genüsse wie Austern mit Champagner oder Miesmuscheln mit Pommes frites, das belgische Nationalgericht, sondern den Erwerb von Häusern und Grundstücken, der sich zur Sucht entwickelte – wer unbegrenzten Kredit genießt, macht auch Gebrauch davon. Doch nicht alles ist käuflich für Geld, und der in Frankreich vorherrschende Rassismus führte dazu, dass meine besten Freunde nicht zur etablierten Gesellschaft gehörten, sondern Außenseiter blieben wie ich: Allen voran Rachid Dahdah, ein Märchenprinz aus dem Orient, der das Städtchen Dinard aus dem Dornröschenschlaf weckte und zu einem beliebten Kurort an der bretonischen Küste machte. Gegen Ende des 19. Jahrhunderts wurden Meerbäder Mode, ein Trend, der von der Aristokratie bis zum Proletariat die gesamte Gesellschaft erfasste. »Es genügt nicht, ein schickes Hotel zu eröffnen«, sagte Rachid bei einer Spritztour ins nah gelegene Fischerdorf Saint-Lunaire, wo das Grand Hôtel zum Verkauf stand: Man müsse Wälder roden und Sümpfe trockenlegen, Asphaltstraßen und Schienen verlegen, einen Bahnhof, ein Gas- und Elektrizitätswerk errichten und Bauland erschließen, um preisgünstige Ferienhäuser und Unterkünfte für Arbeiter zu bauen. »Roederer und Cambacérès haben das Handtuch geworfen«, fuhr er fort, »weil sie der Aufgabe nicht gewachsen waren. Erst die von mir geschaffene Infrastruktur hat Dinard zu dem gemacht, was es heute ist!«

Die Worte des Märchenprinzen gingen mir nicht aus dem Sinn, denn Rachid Dahdah wusste, wovon er sprach, wenn er meinte, ich sei der richtige Mann am richtigen Ort. Also krempelte ich die Ärmel hoch und stürzte mich in die Arbeit, die ein Jahrzehnt lang alle anderen Interessen überlagerte.

Dass Saint-Lunaire seinem Namen die Bezeichnung *Balnéaire* (Badeort) hinzufügen durfte, war ebenso mein Werk wie der Aufstieg des unscheinbaren Fischerdorfs zum Biarritz der Bretagne, wie der *Figaro* schrieb. Ich weiß nicht, wo ich anfangen und wo ich aufhören soll: Beim Grand Hôtel vielleicht, unter meiner Ägide ausgebaut zum ersten Haus am Ort mit Casino, Kinderbetreuung und Kurbetrieb, Wellenbädern und Schlammpackungen, Bridge- und Tennisturnieren, Theateraufführungen und Konzerten, die Gäste aus Paris und Brüssel, London und New York anlockten. Oder bei der alten Dorfkirche, die ich vor dem Abriss bewahrte, indem ich einen Sumpf trockenlegen und die Salzwiesen zum Golfplatz umwidmen ließ. Das Grand Hôtel war mein Eintrittsbillett: Ich erwarb jede frei werdende Parzelle und verwirklichte so das ehrgeizige Infrastrukturprogramm, das Rachid Dahdah im Gespräch skizziert hatte: Ich ließ den Hafen ausbaggern, Dünen und Deiche befestigen, Trassen und Schienen, Gas- und Elektroleitungen verlegen, einen Bahnhof bauen mitsamt Telegrafenstation sowie eine Eisfabrik zur Versorgung der Ferienhäuser und Hotels, die ich für meine Kinder gekauft und auf deren Namen getauft hatte. Die Bretonen sind skeptisch gegen jede Neuerung; sie neigen zur Rebellion und haben sich Frankreichs Königen wie der Französischen Revolution halsstarrig widersetzt. Doch indem ich Wort hielt und mich durch Rückschläge nicht entmutigen ließ, vor allem aber durch die von mir geschaffenen Arbeitsplätze gewann ich die Herzen der Bauern und Fischer, die weiterhin ihre Berufe ausübten, während ihre Söhne und Töchter als Köche und Kellnerinnen ins Hotelfach einstiegen.

Der Appetit kommt beim Essen, und als ich hörte, dass Thérèse Humbert, die Schwiegertochter des Justizministers, rechtskräftig verurteilt worden war, weil sie sich als Erbin des Multimillionärs Crawford ausgab, griff ich zum Telefon. Von Tunis aus, wo ich gerade Ferien machte, bat ich den Direktor des Crédit Lyonnais, mir telegrafisch Geld anzuweisen, um Bir-Chana zu kaufen, ein tausendzweihundert Hektar großes Weingut in der Nähe von Zaghouan, das Thérèse Humbert gehört hatte. Auf diese Weise verband ich das Angenehme mit dem Nützlichen: Zu meinem sechzehnten Geburtstag hatte mein Vater mir ein Pferd und ein Gewehr geschenkt, und jetzt ritt ich hoch zu Ross durch die Weinberge, schoss Wachteln und Rebhühner und beteiligte mich, als Beduine kostümiert, an Fantasia genannten Reiterspielen. Noch größer war der ökonomische Nutzen, den ich aus meinem neuen Besitztum zog: Bir-Chana produzierte Rotwein bester Qualität, den ich in Fässer abfüllen und per Schiff nach Saint-Lunaire transportieren ließ. Dort überwachte ich, am Strand auf und ab gehend, das Ausladen der Fässer, damit kein Tropfen verlorenging, und lagerte den Wein, um ihn in Ruhe reifen zu lassen, im Keller des Grand Hôtels. Als Beiladung importierte ich Orangen, die in Tunesien saftiger und billiger waren als in Frankreich, und um Betriebskosten zu sparen, ließ ich an das Hotelpersonal keinen Wein ausschenken, sondern Cidre. Apfelwein erzeugt Harndrang, und zur Kontrolle des Arbeitsausfalls postierte ich mich mit der Stoppuhr in der Hand vor der Toilette.

Alles in allem besaß ich zwei Dutzend Grundstücke mit elf Villen, vier Hotels, Spielcasino, Teehaus, Gas- und Elektrizitätswerk in Saint-Lunaire, dessen Initialen mit den Anfangsbuchstaben meines Namens identisch sind. Wer heute die Stadt besucht, stößt im Büro des Bürgermeisters auf eine Bronzebüste von Sylla Laraque, wie er leibt und lebt, und wer will, kann seinen Namen in das goldene Buch eintragen, in dem der Autor dieser Zeilen sich verewigt hat.

15

1909 starb Madame Derenoncourt, die treueste meiner drei Frauen, obwohl ich ihr nicht immer die Treue hielt, und nach Ablauf der Trauerzeit heiratete ich meine Maîtresse Camille Saint-Jacques, mit der ich zu Lebzeiten meiner Gattin vier Kinder zeugte. Wir tranken Tee in Neuilly, wo ich ihr eine Luxuswohnung eingerichtet hatte, als wir von draußen einen Schrei hörten. Ich sah zerstreut von der Zeitung auf, in der ich, ohne mir Sorgen zu machen, die Börsenkurse studierte, aber Camille rannte zum Balkon und kam totenbleich wieder zurück. Eugène, unser jüngster Sohn, war auf die Brüstung geklettert und beim Versuch, die Balustrade zu überwinden, in die Tiefe gestürzt. Camille fiel in Ohnmacht, und bevor ich Zeit fand, meine Gedanken zu ordnen, klingelte es Sturm. Monsieur Blériot, ein Nachbar aus der darunterliegenden Etage, hatte, vor die Haustür tretend, die Kletterkünste des Knaben beobachtet; geistesgegenwärtig, wie er war, fing er ihn mit starken Armen auf. Der sechsjährige Eugène war blass vor Schreck, aber weder äußerlich noch innerlich verletzt. »Ich weiß nicht, wie ich Ihnen danken soll«, stammelte ich, während Camille, aus ihrer Ohnmacht erwachend, die Knie unseres Retters umschlang. »An meiner Stelle hätten Sie genauso gehandelt«, sagte Blériot bescheiden und fügte errötend hinzu, es gäbe doch etwas, womit ich mich erkenntlich zeigen könne: Er sei knapp bei Kasse und brauche dringend 20.000 Francs für einen Flugzeugmotor, weil der alte bei einer Bruchlandung zerborsten sei. Als Gegenleistung offerierte er mir die Hälfte des Preisgelds von 125.000 Pfund, die die *Daily Mail* für die Überquerung des Ärmelkanals auf dem Luftweg ausgelobt hatte.

Gesagt, getan. Ich unterschrieb einen Scheck über 25.000 Francs, auszuzahlen an Louis Blériot, Konstrukteur von Aeroplanen, und was dann geschah, ist bekannt: Am Morgen des 25. Juli 1909 hob Blériot am Steuer seines notdürftig geflickten Monoplans Nr. XI, angetrieben von drei Zylindern mit fünfundzwanzig PS, von Calais ab und landete kurz darauf bei strahlendem Wetter hinter den Kalkfelsen von Dover. Die Pioniertat brachte nicht nur ihm und mir stattliche Beträge ein – meine Investition hatte sich gelohnt – sie läutete das Zeitalter der kommerziellen Luftfahrt ein. Blériot und ich wurden Freunde, und ich borgte ihm das Startkapital für eine Fluglinie, die Passagiere von Paris nach London beförderte und Geld auf mein Konto spülte, weil die mit dem Namen Blériot verknüpfte Legende dem Geschäft zuträglich war.

Der Rest der Geschichte ist schnell erzählt: Ich starb eines natürlichen Todes am 22. August 1924, aber schon vorher holte der Teufel sich die Reichtümer zurück, die er mir so üppig zugeschanzt hatte, und mein Immobilienvermögen ging schneller den Bach runter, als ich es erworben hatte. Der erste Tiefschlag war, dass Camille Saint-Jacques, meine vierte Frau und Exgeliebte, mich überraschend verließ, weil sie keine Lust hatte, Feste auszurichten, Dienstboten zu kommandieren und Streit zu schlichten zwischen meinen ehelichen und unehelichen Kindern. Ich reichte die Scheidung ein, nachdem ich ihr mein tunesisches Landgut überschrieben hatte, kurz bevor der Fiskus es sich unter den Nagel riss. Das Glück hatte mich verlassen, und alle verschworen sich gegen mich: Gierige Gläubiger, säumige Schuldner und zu kurz gekommene Verwandte zogen am gleichen Strang, und längst vergessene Gegner aus dem fernen Haiti meldeten sich zurück, um ihren Anteil an der Beute einzuklagen. Die Vorwerke meiner Festung in Paris und Neuilly waren geschleift, und der Zeitpunkt war absehbar, an dem auch die letzte Bastion, das Grand Hôtel in Saint-Lunaire, die Flagge streichen würde, da kam mir die rettende Idee: Geld hat mich nie interessiert, doch den seit Jahrzehnten im Keller lagernden Wein aus Bir-Chana musste ich dem Rachedurst meiner Feinde entziehen. Diesen Triumph durfte ich ihnen nicht gönnen! Also ließ ich eine Mauer errichten, die Fässer und Flaschen unbefugten Blicken entzog, rechtzeitig vor Ausbruch des Krieges, der mir lästige Mitwisser vom Halse schaffte: Was die Piraten in Stevensons *Schatzinsel* mit Säbel und Pistole erledigten, hat die Schlacht von Verdun für mich bewirkt.

Im Ersten Weltkrieg wurde das Grand Hôtel umfunktioniert zum Lazarett, in dem einbeinige Invaliden Fußball spielten, im Zweiten zog die Wehrmacht hier ein. Weder deutsche Offiziere noch französische Kriegsinvaliden ahnten, welch flüssiges Gold sich hinter der Mauer im Keller verbarg: Kein Mensch außer mir kannte das Sesamöffne-dich, aber ich war damals schon tot.

Der Zerfall meines irdischen Besitzes ließ sich auch dadurch nicht abwenden, dass Premierminister Clemenceau

nach der Waffenstillstandsverhandlung Monchy-Humières besuchte, ehe das Schloss erneut zwangsverstei-
gert wurde – wenn ich richtig gezählt habe, zum dritten
Mal.

Krick! Krack? Mit dieser Zauberformel beginnen und beenden die Märchenerzähler in Haiti ihre Geschichten,
und an dieser Stelle ist die Frage zu beantworten, ob ich
mit dem Teufel im Bunde stand oder nicht. Für meine
Landsleute ist der Fall klar, weil aus ihrer Sicht plötz-
licher Reichtum stets aus einem Teufelspakt kommt:
Um die Probe aufs Exempel zu machen, pilgern sie zum
Friedhof Père Lachaise und zünden vor der Grabstätte 35,
Parzelle 92, um Mitternacht Kerzen an. Aus dem Mausoleum, das meine sterblichen Überreste beherbergt, so
heißt es, sei ein wie *Krick Krack* klingendes Knistern und
Knacken zu hören, das Experten auf morsches Holz oder
rostenden Stahl zurückführen. Von Materialermüdung
könne keine Rede sein, meinen andere: Vielmehr seien
die Geräusche Indizien dafür, dass ich mit dem Teufel
um die Wette würfele. Richtig ist, dass ich Glücksspielen
nicht abgeneigt bin – schon als Kind schlug ich jeden
Herausforderer im Domino – aber mit Würfeln hatte
und habe ich nichts im Sinn. Ernster zu nehmen ist die
Aussage des Hausmeisters im ehemaligen Grand Hôtel,
das heute ein Altersheim beherbergt, hinter der Mauer
im Keller dringe nach Mitternacht Gesang und Gelächter hervor. Die Bretonen sind ebenso trunksüchtig wie
abergläubisch und erklären das Phänomen damit, dass
ich mit dem Teufel um meine Seele gewettet hätte: Der
Ausgang sei offen, doch alles spreche dafür, dass ich
Satan unter den Tisch saufen würde.

SO SCHREIBEN WIE HIER UND JETZT (2)

31. Mai 2018. Ich lese Bernard-Henri Lévys Buch *L'empire et les cinq rois*. Der Titel bezieht sich auf Donald Trump und dessen alte und neue Rivalen: Putin, Erdogan, Chamenei, Xi Jinping und *tutti quanti*. Das am 12. Juni geplante Treffen mit Kim Jong-un hat Trump medienwirksam abgesagt, indem er einen Brief mit größenwahnsinniger Krakelsignatur in die Höhe hielt, umringt von verzückt applaudierenden Ministern – begeistert wie Nordkoreas Nomenklatura beim Raketentest. Du hast Atomwaffen, *little rocket man*, so Trump sinngemäß, aber mein Sprengkopf ist größer als deiner, und ich bete zu Gott, dass ich ihn nie auf dich abfeuern muss.

Bernard-Henri Lévy ist blitzgescheit, keine Frage, sein Buch enthält eine Menge kluger Sätze, dazu bemerkenswerte Stellungnahmen zur Kurdenfrage, und durch seine Omnipräsenz in den Medien läuft er seinem Vorbild Sartre den Rang ab. Bei der Lektüre seiner Texte in *La Règle du jeu* geht es mir wie Kafka, der Redner aller Parteien gleichermaßen überzeugend fand – ich stimme kopfnickend zu, doch verglichen mit Sartre ist BHL kein Philosoph, sondern ein Lyriker. Seine Leitartikel sind verkappte Gedichte, poetische Prosa wie Rimbauds *Une saison en enfer*. Das gilt auch für das vorliegende Buch, wo er ständig Gewährsleute zitiert, von Herodot und Hegel über Oswald Spengler bis zu Malraux und Kojève, denen er zustimmt und die er im gleichen Atemzug wieder verwirft. Aber hat er deren Werke wirklich studiert, oder ruft er nur Namen ab? Trotzdem ein lesenswerter Text, schon wegen der politischen Chuzpe und stilistischen Verve, mit der BHL sich in Szene setzt. Der Anspruch aber, dass die rhetorische Suada, der Wortschwall, unter dem er seine Leser begräbt, reale Kräfteverhältnisse abbildet, ist naiv, ein Erbe vom Mai 1968, als es zur Lösung aller Probleme nur eine Antwort gab: Die Revolution, großgeschrieben!

Den radikalen Zeitgeist nahm Peter Weiss vorweg in seinem damals viel gespielten Stück *Die Verfolgung und Ermordung Jean-Paul Marats, dargestellt durch die Schauspielgruppe des Hospizes von Charenton unter Anleitung des Herrn de Sade*, in dem er Marat sagen lässt: »Gegen das Schweigen der Natur / stelle ich eine Tätigkeit / In der großen Gleichgültigkeit / erfinde ich einen Sinn / Anstatt reglos zuzusehn / greife ich ein / und ernenne gewisse Dinge für falsch / und arbeite daran sie zu verändern und zu verbessern.«

7. Juni. Houellebecqs *Unterwerfung* im Fernsehen: endlich eine Literaturverfilmung, die mehr ist als eine Retromodenschau mit Knickerbockern und Kniestrümpfen. Genialer Hauptdarsteller! Mein Freund Jean Rolin hat recht: Houellebecqs Talent liegt in der Konsequenz, mit der er kaputte Typen porträtiert, Durchschnittsfranzosen, die nur aus niederen Instinkten bestehen: Rauchen, Alkohol, Sex – in dieser Reihenfolge. Eine bitterböse Satire, die nichts beschönigt und alles runterzieht aufs niederste Niveau, unter die Gürtellinie. Vorauseilender Gehorsam, weil der Islamismus, Stichwort Polygamie,

Genuss ohne Reue verspricht – das Szenario lässt sich bruchlos übertragen auf deutsche Verhältnisse.

15. Juni. Der Tatort gebiert das Verbrechen, nicht umgekehrt: Von Folterkammern, Verliesen, Tapetentüren und Geheimgängen alter Schlösser bis zu viktorianischen Villen mit Türmchen und Erkern, knarrenden Dielen und wehenden Vorhängen. Die Leiche im Keller gehört ebenso dazu wie das Skelett auf dem Dachboden, das Kaminfeuer oder der Teetisch, an dem Sherlock Holmes oder Mrs. Marple vertrackte Kriminalfälle lösen, als handle es sich um Kreuzworträtsel. Vom englischen Landhaus ist es nur ein Katzensprung über den Ärmelkanal zur Pariser Rue Morgue, wo Monsieur Dupin sich über eine übel zugerichtete Frauenleiche beugt, oder nach Brüssel, wo Konrad Korzeniowski, alias Joseph Conrad, bei der *Société anonyme Belge pour le Commerce du Haut-Congo* anheuert und zum Zeugen eines Menschheitsverbrechens wird, das er in *Herz der Finsternis* beschreibt; von dort nur ein kleiner Schritt zur Wannseevilla, in der die Kamarilla des Dritten Reichs unter Federführung des Bürokraten Eichmann die Endlösung der Judenfrage beschließt. Nicht zu vergessen Kommissar Maigret, der im karierten Paletot, mit Baskenmütze und Pfeife, Verbrecher jagt, während der Privatdetektiv Mickey Spillane mit dem 45er Colt, den sein kalifornischer Kollege Marlowe selten oder nie benutzt, Schurken zum Sprechen bringt, im Krimi *Singen* genannt.

24. Juni. Im Nachhinein scheint es mir, als habe das Fernsehen ununterbrochen Fußballspiele übertragen: Wenn nicht die Weltmeisterschaft, dann die Champions

League, den UEFA-Cup, den Europapokal der Pokal-
sieger oder wie die Turniere heißen, Fußball auf allen
Kanälen rund um die Uhr bis tief in die Nacht, eine elek-
trisierende Geräuschkulisse, noch bevor das Spielfeld
ins Bild kommt, auf dem der mit Rauten gemusterte
Ball wie von Zauberhand bewegt hin und her fliegt, auf
und nieder hüpft, mit Schultern Brust Bauch Ferse oder
Spann gestoppt und aus dem Lauf heraus ins Tor geschossen oder geköpft wird, während *La Ola* genannte
Wellen die Sitzreihen durchlaufen, Fahnen Mützen
Schals geschwenkt, Feuerwerkskörper gezündet werden
und Klopapier, das sich in der Luft entrollt, auf dem Ra-
sen landet, der bei Regen zum Schlammpfuhl wird,
Matschepampe, wie mein Enkelsohn sagt, zerknautsch-
te Bierdosen und von Zuschauern geworfene Bälle werden umdribbelt, bis mit dem Abpfiff der Spuk endet
und Gegner, die einander eben noch aufs Blut bekämpf-
ten, sich lachend oder weinend in den Armen liegen,
nass geschwitzte Trikots austauschen und zu den Um-
kleidekabinen trotten, verfolgt von Reportern, die ihnen
mit Flausch umwickelte Mikrophone unter die Nase
halten, während der Mannschaftskapitän aus der Hand
eines abgehalfterten Staatschefs oder Sportfunktionärs
eine Trophäe entgegennimmt, die er jubelnd hochhält,
bevor der Moderator umschaltet zu den *Tagesthemen* oder
zum *heute journal*.

Was waren das doch für Zeiten, als Literaturkritiker
ohne postmodernes Blabla auskamen und Bücher vor-
stellten, die sie wirklich gelesen hatten! Stattdessen wird
heute so heftig rezensiert und kuratiert, bis der Sprache
der Kragen platzt und sie, von Plattitüden erdrückt, alle

viere von sich streckt – Galimathias sagte man früher dazu. Statt einer Charakteristik eine Kostprobe: »Die Preisgala versammelt Autor*innen und Übersetzer*innen, Büchermacher*innen und Bücherfreund*innen, die Materialien ausbreiten zu kulturellen Verdichtungen im Hier und Jetzt.« Oder, falls das noch nicht genügt: »Wie ein explosiver roter Faden durchzieht das Gewicht des Politischen die Texte. So unterschiedlich die Themen, so entschieden greifen sie auf die Welt und ihre Verwerfungen zu.« Soll man Leuten, die solche Sätze schreiben, die Beurteilung von Literatur überlassen? Und muss man eigens betonen, dass der ins Schiffstau gewirkte Faden zwar rot war, aber nicht explosiv?

TOLLKÜHNE MÄNNER
IN FLIEGENDEN KISTEN

1

Ich bin der Flieger von Tsingtau, und die Kunde meiner Heldentaten im deutschen Schutzgebiet, das ich ganz allein, nur mit einer *Taube* bewaffnet, gegen die japanische Übermacht verteidigte, wird in Äonen nicht untergehen, wie der Lektor des Ullstein-Verlags mir prophezeite bei Abgabe meines Manuskripts. Das war im Sommer 1915, kurz nach meiner abenteuerlichen Flucht über Hongkong, San Francisco, New York, Gibraltar und London nach Berlin, und der Verlagslektor behielt recht, denn das Ullstein-Buch wurde noch während des Krieges immer wieder neu aufgelegt; zehn Jahre später, als ich ein Vorwort zur Neuausgabe schrieb, waren eine halbe Million Exemplare verkauft. Das Wort Bestseller gab es noch nicht, die Sache aber schon, und Ullstein nahm mich als Reisereporter unter Vertrag, der auf Pferderücken die Anden überquerte von Punta Arenas bis Quito und als Postflieger die Pampas Patagoniens und die Fjorde Feuerlands kartierte, bis ich beim Anflug auf einen Gletschersee, den ich aus der Nähe hatte filmen wollen, mit meinem Kopiloten ums Leben kam. Das war am 28. Januar 1931, fast auf den Tag genau zwei Jahre vor dem Machtantritt des Gefreiten aus Braunau, der mich als Kriegsheld in Schulbüchern und auf Zigarettenbildern feiern ließ, ohne dass ich mich gegen die nationalistische Vereinnahmung zur Wehr setzen konnte. Dass ich die Feinde des Reichs, Franzosen und Engländer, nicht als Feiglinge verspottet und Russen, Chinesen oder Japaner nicht als Untermenschen verunglimpft hatte, fiel dabei genauso unter den Tisch wie die Tatsache, dass wir Kriegsgegner einander respektierten und die Luftkämpfe, trotz ihrer Härte, von fairem Sportsgeist beseelt waren. Nur so ist es zu erklären, dass die *Abenteuer des Fliegers von Tsingtau* noch während des Krieges in die Sprachen des Feindes, Englisch und Japanisch, übersetzt wurde. Doch ich habe mich vom Ausgangspunkt meiner Geschichte entfernt.

2

Mein Name ist Gunther Plüschow, ich wurde in München geboren und wuchs auf in Rom, aber meine eigentliche Heimat war Schwerin, denn ich bin ein Nachfahre des Erbprinzen und späteren Großherzogs Friedrich Ludwig zu Mecklenburg, der sich Napoleon widersetzte und später am Wiener Kongress teilnahm. In Schwerin war es auch, wo ich im August 1913 nach einem Englandaufenthalt, der mir später von Nutzen sein sollte, erfuhr, dass mein Wunschtraum in Erfüllung ging und ich zur Ausbildung als Marineflieger abkommandiert worden war. Vorher hatte ich die Kadettenanstalt in Lichterfelde absolviert und war als Offiziersanwärter in die kaiserliche Marine eingetreten, wo ich im ostasiatischen Kreuzergeschwader auf der *Bismarck* diente, das Torpedoboot S 87 kommandierte und in der Marineschule Flensburg-Mürwik tätig war. Nur der Vollständigkeit halber sei erwähnt, dass ich als Seekadett auf SMS *Stosch* die Osmanische Medaille für Kunst und Wissenschaft verliehen bekam, die erste einer nicht abreißenden Kette von Ehrungen bis hin zum Ritterkreuz – aber ich will hier nicht mit Orden prahlen. Im Januar 1914 meldete ich mich bei den Rumpler-Werken in Johannisthal zur Ausbildung als Flugzeugführer, die auf die lange Bank geschoben werden musste wegen schlechten Wetters – es schneite unaufhörlich. Statt zu fliegen, hieß es warten und noch mal warten. Erst im Februar klarte es auf, und schon drei Tage nach meinem ersten Aufstieg in die klirrend kalte Winterluft nahm der Fluglehrer Werner Wieting mir das Pilotenexamen ab, das ich mit einer Bilderbuchlandung in Johannisthal bestand. Fliegen machte mir Spaß, und so oft wie möglich tummelte ich mich am Himmel über Berlin, das von oben wie ein Löschblatt mit Tintenflecken aussah: Nur das Brandenburger Tor, die Paradestraße Unter den Linden und deren Verlängerung, der Spandauer Damm, waren aus tausend Metern Höhe zu erkennen, dazu der Wannsee, über dem ein Zeppelin schwebte, und die von Lichterfelde nach Potsdam führende Chaussee: Die Längs- und Querachsen zerschnitten Preußens Hauptstadt in vier Segmente, die Jahrzehnte später den alliierten Siegern als Besatzungszonen dienen sollten. Aber noch hatte der Erste Weltkrieg nicht begonnen – ganz zu schweigen vom Zweiten, den selbst notorische Schwarzseher sich nicht vorzustellen vermochten.

Der Konstrukteur Erwin Rumpler hatte einen Eindecker mit einem Einhundert-PS-Motor gebaut, der für schnelles Steigen geeignet war, und setzte seinen Ehrgeiz daran, den Höhenrekord zu brechen. Der Sportflieger Guido Linnekogel lud mich ein, ihn als Kopilot zu begleiten, aber erst beim dritten Anlauf gelang es uns, auf über fünftausend Meter zu steigen, ohne dass, wie vorher, der Motor ausfiel, das Höhenruder festfror oder das Benzin zur Neige ging. Das Thermometer sank auf siebenunddreißig Grad unter null, die Luft wurde knapp, mir war schwindlig und mein Atem ging stoßweise, als Linnekogel aus fünftausendfünfhundert Metern Höhe den Abstieg einleitete und zehn Minuten später sicher in Johannisthal aufsetzte, wo wir als Helden gefeiert und mit Sekt bewirtet wurden. Das war der Höhepunkt meiner Pilotenausbildung; Tiefpunkt war ein Blindflug im Nebel von Berlin nach Hamburg, für den die Firma Rumpler mir trotz meiner mangelnden Erfahrung einen Doppeldecker zur Verfügung stellte. Das Abenteuer endete mit einer Bruchlandung in Brunsbüttel, wo ein Misthaufen mir und meinem Freund Strehle das Leben gerettet hat; der Motor war geborsten, das Flugzeug ein Haufen Schrott.

Das sei Glück im Unglück, meinte der aus Schwerin herbeigeeilte Marinearzt, ein Onkel von mir, nachdem er Strehlchen und mich untersucht und unsere Knochen abgetastet hatte. »Ihr riecht wie die Schweine, und ihr habt wirklich Schwein gehabt: Der Doppeldecker ist ein Wrack, aber bis auf ein paar Schrammen seid ihr unversehrt. Noch dazu hast du das große Los gezogen«, fügte er an mich gewandt hinzu. »Du wirst als Marineflieger nach Tsingtau versetzt. Gratuliere!«

Ich konnte mein Glück kaum fassen, denn Tsingtau war das Traumziel meines Lebens, seit ich an Bord der *Bismarck* mit dem Ostasiengeschwader das Schutzgebiet Kiautschou besucht hatte. Die an der Küste des Gelben Meeres gelegene Stadt hatte sich unter deutscher Ägide vom Aschenputtel zur Prinzessin gemausert: Amerikanische Handelsvertreter, Franzosen aus Indochina, britische Kolonialbeamte, russische Kaufleute und japanische Offiziere gaben sich in den Strandhotels die Türklinken in die Hand. Millionäre und Aristokraten, Hochstapler und verkrachte Existenzen aus Europa und Nordamerika trafen sich am Roulettetisch, auf der Pferderennbahn oder auf dem Tennisplatz, während Matrosen in Hafenkneipen nach bayrischem Reinheitsgebot gebrautes Bier soffen, in Lasterhöhlen Opium rauchten oder Bordelle besuchten, vom Seemannspfarrer zu Reue und Umkehr aufgerufen. So ging es seit über zehn Jahren, und niemand konnte oder wollte sich vorstellen, dass das süße Leben in Kiautschou, wo ein Bier nur fünf, ein Huhn zehn Pfennige und eine Chinesin eine Mark kostete, dem Ende entgegenging.

3

Tsingtau sei das Ostende Asiens, hieß es damals, und erst jetzt, als ich nicht per Schiff, sondern mit der Eisenbahn zum Dienstantritt fuhr, begriff ich den Doppelsinn dieser Redensart, denn von Schwerin aus gesehen lag Tsingtau am Ende der Welt. »Russland ist riesig, ausgesprochen endlos«, pflegte mein Urgroßvater zu sagen, der als napoleonischer Grenadier von Berlin nach Moskau marschiert war und wieder zurück. Aber das erschloss sich mir erst, als ich im Transsibirien-Express saß und mich eine Woche lang von Wodka und Tee ernähren musste, weil das als Bœuf Stroganoff bezeichnete Essen ungenießbar war – verglichen damit war Liebigs Fleischextrakt eine Delikatesse! Omsk Tomsk Irkutsk Ulan-Ude: Verschneite Birkenhaine zogen vor dem Zugfenster vorbei, Blitze setzten die Nadelwälder in Brand, sibirische Tiger und tungusische Banditen machten die Taiga unsicher – oder war es die Tundra? – und erst in Mukden verschwand Bœuf Stroganoff von der Speisekarte. Chinesische Köche stiegen zu, und fortan wurden Nudelsuppen und Reisgerichte mit Huhn und Bambussprossen serviert, kulinarische Spezialitäten, die ich in Hongkong kennen- und schätzen gelernt hatte. Passend dazu wurde das Klima milder, und Frühlingsgefühle stellten sich ein, während der Zug von Peking gen Süden fuhr, vorbei an überschwemmten Feldern, auf die Frauen Reisbüschel pflanzten, und durch ein Spalier blühender Kirschbäume in den Bahnhof von Tsingtau einrollte.

Nach wochenlanger Abstinenz drangen wieder deutsche Worte an mein Ohr: Meine Kameraden begrüßten mich mit Hallo und schärften mir ein, dass ein Europäer im Beisein von Chinesen nie körperlich arbeiten darf. Ich überließ dem Rikscha-Fahrer mein Gepäck und bestieg einen Panjewagen, der mich unter lustigem Gebimmel zur nah gelegenen Rennbahn beförderte, einem von Klippen umrahmten Plateau, das ich zum Flugfeld ausbauen sollte. Doch das war Zukunftsmusik: Es war Sonntag, und deutsche Matrosen maßen sich beim Fußball mit der Besatzung der *Good Hope*, die in Tsingtau auf Reede lag. Das Spiel endete unentschieden, und niemand sah voraus, dass der Panzerkreuzer *Scharnhorst* in Coronel an der chilenischen Küste die *Good Hope* versenken würde: neunhundert Mann Besatzung, einschließlich des Admirals, fanden dabei den Tod – das schlimmste Desaster der britischen Flotte seit der Seeschlacht von Trafalgar. Noch aber war Verbrüderung angesagt: Deutsche und englische Matrosen fraternisierten beim Bier, und die Geschwaderchefs Admiral Cradock und Graf Spee umarmten sich, während Signalflaggen grüßten: »Farewell – auf Wiedersehen!«

Im Reich der Mitte galten Langnasen, wie die Fremden hier heißen, nur so viel, wie sie sich geltend machten, und dazu gehörte eine chinesische Dienerschar, die in meinem Fall aus Moritz, dem Koch, Fritz, dem Pferdeknecht, Max, dem Gärtner und August, dem Laufburschen bestand – die deutschen Namen hatten sie sich selbst zugelegt. Zusammen mit meinem Kameraden Patzig mietete ich eine Villa im Grünen mit Pferdestall, Autogarage und, was noch wichtiger war, Blick auf die zum Flugplatz bestimmte Rennbahn. Dafür war es noch zu früh, denn die von den Rumpler-Werken gebauten Doppeldecker hatte ein Taifun im Indischen Ozean beschädigt. Ich mietete einen Ford, den Max, unser Gärtner, jeden Morgen auf Hochglanz polierte, und kaufte eine Fuchsstute namens Fips, der ich vergeblich das Sprungreiten beizubringen versuchte – stattdessen hat Fips mir das Polospielen beigebracht. Und für unser Hauswesen schafften wir Hühner an, die den Garten düngten und uns Frühstückseier lieferten.

Erst Mitte Juli trafen die sehnlich erwarteten Maschinen in Tsingtau ein. Zusammen mit meinen Offizierskameraden verfügte ich mich zum Hafen, doch die in Kisten verpackten Doppeldecker waren zu schwer, um zur Start- und Landepiste transportiert zu werden, die ich hatte anlegen lassen. Umringt von Gaffern, die jedes Flugzeugteil mit den Fingern begrapschten, packte ich die Kisten aus, deren Ladung weniger gelitten hatte als befürchtet: Nur den mit Leinwand bespannten Holzstreben hatte die Feuchtigkeit zugesetzt. Flügel und Rumpf wurden auf Pferdewagen gehievt und rumpelten im Schritttempo durch die Stadt, vorbei an Neugierigen, die das Wunderwerk modernster Technik bestaunten, allen voran den Propeller und den in Holzwolle verpackten Flugzeugmotor. Tage vergingen, bis der Doppeldecker einsatzbereit war, und der Marineflieger, der den Seetransport begleitete, warnte mich vor dem von Felsen gesäumten Flugfeld, das zum Polospielen geeignet, aber zum Starten und Landen ungeeignet sei. Müllerkowski behielt recht, denn das sechshundert Meter lange und nur zweihundert Meter breite Areal war ein schmales Handtuch im Vergleich zum Flugplatz Johannisthal.

Mit dem Ruf »Wird schon schiefgehen!« schlug ich die Warnung in den Wind, startete durch und riss das Steuerruder steil nach oben beim Anblick einer vor mir aufragenden Felsklippe. Kurz darauf schwebte ich über dem Meer und drehte die erste Runde über den vom Sonnenaufgang vergoldeten Kirchen und Pagoden der Stadt, deren Bewohner sich ungläubig die Augen rieben, weil sie noch nie ein Flugzeug gesehen hatten. Es war Ende Juli, eine Woche vor Ausbruch des Großen Krieges,

den damals noch niemand für möglich hielt, und Ferien-
gäste aus Europa, Amerika und dem Fernen Osten gaben sich in Tsingtau ein Stelldichein. Beim Gedanken
an die Landung spürte ich ein flaues Gefühl im Magen,
doch eine halbe Stunde später brachte ich die Rumpler-
Taube sicher zu Boden. Mein Kamerad Müllerkowski
hatte weniger Glück: Wie von ihm selbst prophezeit,
wurde der Doppeldecker vom Fallwind erfasst, geriet ins
Trudeln, schmierte seitlich ab und prallte gegen eine
Felswand. Die Maschine war völlig zerstört, der schwer
verletzte Pilot kam ins Lazarett und später von dort in
japanische Kriegsgefangenschaft.

4

Am 30. Juli war es so weit: Früh am Morgen, ich war noch
im Pyjama, überbrachte eine Ordonnanz den Befehl zur
Sicherung. Patzig glaubte an einen Scherz oder an einen
Vorwand, um unsere Bereitschaft zu testen, aber ich war
alarmiert: Am Vorabend, im Offizierscasino, hatte ein auf
der *Kaiserin Elisabeth* stationierter Marineflieger mir anvertraut, Österreich mache mobil und habe Deutschland um
Unterstützung ersucht – der Bündnisfall! Trotzdem ging
das Leben seinen gewohnten Gang. Anders als in den britischen Kolonien, die Deutsche und Österreicher inter-
nierten, durften Ausländer sich frei bewegen, und der
Gouverneur stellte ihnen anheim, in Tsingtau zu bleiben
oder das Schutzgebiet zu verlassen. Nur Militäranlagen
waren *off limits*, und ein Turnier gegen die englische Polo-
Mannschaft aus Schanghai wurde kurzfristig abgesagt.
Auf der Terrasse des Strandhotels, auf der Tribüne der

Rennbahn und in den Garküchen der Chinesen aber gab es nur ein Thema: Würde das British Empire Deutschland den Krieg erklären und, während Weiße sich gegenseitig zerfleischten, Ostasien den Gelben überlassen? Tsingtau sei eine uneinnehmbare Festung, dachten wir, und viel zu abgelegen, um von Russland aus attackiert zu werden – Japan kam in unseren Überlegungen nicht vor.

Die Ereignisse überstürzten sich: England erklärte Deutschland den Krieg, und wir beneideten unsere Kameraden, die ins Feld ausrückten, von Kusshänden und Segenswünschen begleitet, während wir weitab vom Schuss – hier stimmt die Redensart – untätig herumsaßen am östlichen Ende der Welt. Aber es kam anders als gedacht: Am 15. August beorderte der Gouverneur und Festungskommandant Meyer-Waldeck das Offizierscorps ins Kartenzimmer seiner auf einer Hügelkuppe gelegenen Residenz und verlas eine Eilmeldung, die mit drahtloser Telegraphie von Tokio nach Berlin und von dort nach Tsingtau übermittelt worden war. Der Text hatte folgenden Wortlaut:

»Zur Aufrechterhaltung des Friedens in Ostasien im Geiste der britisch-japanischen Allianz hält die kaiserliche japanische Regierung es für ihre Pflicht, der kaiserlich-deutschen Regierung folgende Vorschläge zu unterbreiten:

Erstens: Alle in chinesischen und japanischen Gewässern operierenden kaiserlich-deutschen Kriegsschiffe sind von dort zurückzuziehen oder, falls das nicht möglich ist, zu entwaffnen.

Zweitens: Das Pachtgebiet von Kiautschou ist bis zum 15. September den japanischen Behörden bedingungslos, ohne Entschädigung, zu übergeben. Die kaiserliche japanische Regierung gibt bekannt, dass sie gezwungen sein könnte, militärische Schritte einzuleiten, die sie in Anbetracht der Lage für notwendig hält, wenn die kaiserlich-deutsche Regierung auf die von ihr gemachten Vorschläge nicht bis spätestens 23. August 1914 positiv reagiert.«

Selbstverständlich, sagte Meyer-Waldeck, nachdem er die von Zwischenrufen »hört, hört!« skandierte Verlesung des Telegramms beendet hatte, selbstverständlich, lasse die Reichsregierung sich nicht erpressen durch ein Ultimatum, das der Form wie dem Inhalt nach inakzeptabel sei. Die Forderung, Tsingtau ohne Schwertstreich an Japan abzutreten, sei geradezu unsittlich. »Das bedeutet aber«, setzte der Gouverneur, nervös auf und ab schreitend, hinzu, »dass wir nach Ablauf der gesetzten Frist mit der Eröffnung von Feindseligkeiten rechnen. Was das heißt, wissen Sie, meine Herren, so gut wie ich!«

Mit Hinweis auf den Ernst der Lage ordnete er die sofortige Evakuierung von Frauen und Kindern an, für die ein Sonderzug und ein nach Tientsin auslaufender Dampfer bereitstanden, und schloss seine Ansprache mit dem Ruf, in den alle Anwesenden einstimmten: »Tsingtau klar zum Gefecht!« Obwohl oder weil das Treffen geheim gehalten wurde, sprach es sich herum, und bei der Rückkehr in unsere Villa fehlte der Koch. Unter Mitnahme der Hühner hatte er sich aus dem

Staub gemacht; fortan mussten Patzig und ich unser Chow-Chow selbst zubereiten. Kein herber Verlust, denn Molitz – so genannt, weil er das R nicht aussprechen konnte – war kein Meister seines Fachs. Am nächsten Tag fehlte der Gärtner mitsamt dem Ford, am übernächsten war der Pferdeknecht ausgebüxt mit meinem Pferd. Nur mein Laufbursche hielt mir die Treue, und die Fuchsstute Fips trabte gehorsam zum Stall zurück.

5

Um mit mir selbst ins Reine zu kommen und mich auf künftige Einsätze vorzubereiten, machte ich die Rumpler-Taube startklar. August, mein chinesischer Diener, warf den Propeller an, und am Ende der Rollbahn hob ich ab zu einem Erkundungsflug über Land und Meer. Dem Vernehmen nach hatte Japan, um seinen Forderungen Nachdruck zu verleihen, eine Flotte in Marsch gesetzt. Ich stieg auf tausendfünfhundert Meter und suchte die Bucht von Tsingtau nach verdächtigen Bewegungen ab, doch kein Panzerturm, kein Schiffsschornstein zeigte sich am gekrümmten Horizont, und hinter den wolkenverhangenen Bergen von Shandong, auf Bahnlinien und Straßen war kein Truppenaufmarsch zu erkennen. Erleichtert machte ich kehrt, doch das Wetter schlug um, und als ich im Sinkflug Gas gab, um gegen den Wind zu landen, stotterte und spuckte der Motor und setzte dann ganz aus. Unter mir lag die Piste, links das Clubhaus, rechts der Laufgraben, dahinter das Strandhotel mit Villen und Bungalows. Es war zu spät, um zu landen, und als ich das Höhenruder zog, sackte die Maschine in ein Luftloch, streifte die Wipfel der Bäume und verfing sich im Telegraphendraht, der mich fast enthauptet hätte, Krachen, Splittern, dann Stille ringsum. Ich dachte an Müllerkowski, der im Lazarett mit dem Tode rang, aber ich war am Leben – das war die Hauptsache. Glück im Unglück: Wie zuvor in Brunsbüttel lag die Taube im Gras, Nase nach vorn, Schwanz in der Luft, alles Übrige ein Knäuel aus Leinwand und Holz – aber der Motor war unversehrt.

Während der Regimentsarzt mich untersuchte, fasste ich den Plan, aus zwei havarierten Doppeldeckern eine flugtaugliche Taube zu basteln. Ich ging unverzüglich an die Arbeit, doch wer beschreibt meine Enttäuschung, als mir beim Öffnen der Ersatzteilkisten Moderduft in die Nase stieg. Schlimmer als der Geruch war der Befund: Die Bespannung der Tragflächen war abgefault, Streben und Spanten zu Holzmehl zerfallen und der Reservepropeller dermaßen verzogen, dass er unbrauchbar war. Aber ich ließ mich nicht kleinkriegen; zusammen mit dem Maschinisten Stüben und dem Heizer Frings setzte ich die Flügel neu zusammen und baute in der Werfttischlerei einen Propeller nach. Sieben Eichenbohlen wurden zu einem Holzblock verleimt, auf den die Kulis mit Äxten einschlugen, um nach meiner Modellzeichnung einen Propeller zu formen, der bei hoher Umdrehungszahl nicht auseinanderflog. Unter dem Druck des Ultimatums vollbrachten wir Wunder, und als Japan die Belagerung begann, war die Taube einsatzbereit.

6

Es war Krieg, ich war der einzige Flieger in Tsingtau und musste, koste es, was es wolle, meinen Auftrag erfüllen. Ich entfernte alles Entbehrliche aus der Pilotenkabine und hob von der holprigen Piste ab. Einmal in der Luft, gehorchte die Maschine meinen Kommandos; ich drehte eine Ehrenrunde über dem Hafen und warf die Meldung »Taube ist startklar!« über der Gouverneursresidenz ab. Der Festungskommandant hielt nicht viel von der Fliegerei, die ihm als überflüssiger Luxus erschien; gemäß der preußischen Militärdoktrin versprach er sich mehr vom Einsatz im Frankreichfeldzug erprobter Fesselballons. Zusammen mit Graf Clobuczar, einem österreichischen Luftschiffer, packte ich die nach Tsingtau gelieferte Fesselballonanlage aus, bestehend aus zwei je tausend Kubikmeter fassenden Ballons sowie einer Gondel mit zur Gaserzeugung dienendem Zubehör. Obwohl ich beim Losmachen der Leinen Vorsicht walten ließ, schoss der mit Gas gefüllte Ballon ruckartig in die Luft, bis das Haltekabel ihn stoppte mit einem Stoß, der uns fast aus der Gondel schleuderte. Doch die Mühe war umsonst, denn aus zwölfhundert Metern Höhe war es nicht möglich, Truppenaufmärsche hinter den Tsingtau umschließenden Bergen zu erkennen, während der am Boden vertäute Ballon weithin sichtbar war und schon vor Beginn der Belagerung einen Treffer abbekam – zum Glück war niemand an Bord. Die Unterschätzung der Luftwaffe schlug in ihr Gegenteil um, als ich nach einem Erkundungsflug entlang der Küste einen Offizierskameraden traf, der zur Lagebesprechung beim Kommandanten eilte. »Gibt's was Neues, Plüschow?« – »Nein, das heißt, doch! Ich habe das Schutzgebiet überflogen und keine feindliche Truppenbewegung entdeckt!« – »Donnerwetter! Sind Sie sicher?« Kundschafter hatten die Landung japanischer Truppen gemeldet, eine Desinformation, sprich Kriegslist, um die Verteidiger von Tsingtau in eine Falle zu locken, was dank meiner Luftaufklärung nicht gelang.

So weit die gute Nachricht. Die schlechte war, dass die Leimfugen des Propellers nach jedem Flug weiter aufklafften; es grenzte an ein Wunder, dass er mir nicht um die Ohren flog. Stets aufs Neue musste der Propeller abmontiert, frisch verleimt und über Nacht in den Schraubstock gespannt werden. Vor Sonnenaufgang, wenn ich ihn aufmontierte, verband ich seine klaffenden Wunden mit Heftpflaster. Der tapfere Invalide hielt mir die Treue und ließ mich nicht im Stich.

Meine Feuertaufe ließ nicht auf sich warten. Kurz nach Ablauf des Ultimatums, es war ein Sonntag, kreiste ich in tausendfünfhundert Metern Höhe über dem Schutzgebiet, als ich unter mir Kolonnen marschierender Soldaten erblickte, die mich mit MG- und Gewehrfeuer begrüßten – an ihrer Stelle hätte ich es genauso gemacht. Erst nach der Landung entdeckte ich die Einschusslöcher in den Tragflächen und beschloss, durch Schaden klug geworden, fortan auf zweitausend Meter zu steigen, wo Kugeln und Schrapnells mir nichts anhaben konnten.

Das Schutzgebiet Kiautschou ist eine Halbinsel, eine Landzunge genauer gesagt, an deren südwestlichem Zipfel, dreifach vom Meer umgeben, Tsingtau liegt. Zum Landesinneren hin wird die Stadt von Ausläufern des Shandong-Gebirges umschlossen, auf Deutsch Moltke- und Bismarckberge genannt. Erst nach verlustreichen Kämpfen gelang es der achtfachen Übermacht, das Glacis der Festung zu erobern und die deutschen Truppenverbände, die jeden Quadratmeter mit Zähnen und Klauen verteidigten, an die aus Laufgräben und Stacheldraht bestehende Hauptkampflinie zurückzudrängen. Gleichzeitig wurde Tsingtau mit Schiffsartillerie beschossen, die sich außerhalb der Reichweite unserer Geschütze befand, weil die japanische Flotte, verstärkt durch das britische Linienschiff *Triumph*, außerhalb der Bucht operierte.

Vom Kommandeurstand aus, einer Hügelkuppe mit Rundblick über Land und Meer, beobachtete ich die Einschläge der Dreißigzentimeter-Granaten, die klaffende Löcher ins Stadtbild rissen. Man gewöhnt sich an alles, und schlimmer als der Exodus der Chinesen, die Tsingtau in Scharen verließen, erschien mir die Selbstversenkung der Kanonenboote *Cormoran*, *Iltis* und *Luchs*. Um nicht dem Feind in die Hände zu fallen, wurden sie aus dem Hafen geschleppt und gesprengt: Ein trostloser Anblick, als wüssten die Schiffe, was mit ihnen geschah, während sie, die Masten gen Himmel gereckt, in Feuer und Rauch versanken. Nur ein böse schillernder Ölfilm blieb auf dem Wasser zurück.

Ich war der einzige Pilot im Schutzgebiet, wie gesagt, von den Chinesen »Vogelmaster von Tsingtau« genannt, und hatte nur eine Rumpler-Taube zur Verfügung, die nach der Havarie notdürftig zusammengeflickt worden war. Jedes Schrapnell und jede Motorpanne konnte zum tödlichen Verhängnis werden, denn die Notlandung auf See war nicht möglich, die Mitnahme eines Kopiloten noch weniger. Öl und Benzin waren knapp, und um Platz und Gewicht zu sparen, ließ ich sogar die Pilotenjacke am Boden zurück. Das in einem Kessel an der Küste gelegene Flugfeld war wechselnden Winden ausgesetzt, Fallböen zogen die Maschine nach unten, Seitenwinde setzten ihr zu, und mehr als einmal streifte ich die Wipfel der Bäume oder die Schaumkronen der Wellen, bevor es mir gelang, das Flugzeug zu stabilisieren und den Aufstieg einzuleiten. Es dauerte anderthalb Stunden, bis ich die sichere Höhe von zweitausend Metern erreicht hatte, von MG- und Artilleriefeuer eskortiert, das in weißen Wölkchen unter mir detonierte, und meine Aufklärungsarbeit begann: Ich drosselte den Motor, klemmte das Steuerruder zwischen die Knie, nahm Bleistift und Schreibblock zur Hand und notierte so exakt wie möglich, zwischen Tragfläche und Rumpf hinabschauend, die Stellungen der feindlichen Artillerie. Wurde mein Nacken steif, drehte ich den Kopf zur anderen Seite, bis die Benzinuhr anzeigte, dass es Zeit zur Umkehr war. Die Einschläge kamen näher, während ich den Hafen und die Stadt umkreiste und nach waghalsigem Gleitflug auf der Piste landete, wo Husdent, mein treuer Hund, an mir hochsprang, während chinesische Kulis, unbeeindruckt vom MG-Feuer, die Rumpler-Taube in den schützenden Hangar schoben. Kurz danach sauste ich am Steuer meines Autos zum Gouvernement und übergab meine Kartentasche einer Ordonnanz. Der Kommandant drückte mir wortlos die Hand, und der Stabschef sprach militärisch knapp seine Anerkennung aus, während ich im Offizierscasino ein Frühstück herunterschlang, das aus Reis und Tee bestand – Kaffee und Milch, Eier und Brot waren jetzt Mangelwaren.

8

Die Japaner blieben nicht untätig. Sie hatten dazugelernt und die Batterien so weit vorverlegt, dass ihre Zehn-einhalb-Zentimeter-Geschosse mir gefährlich nahe kamen und links und rechts detonierten, während ich ihre Stellungen kartierte. Die Rumpler-Taube schlingerte wie ein Kutter in schwerer See, als ich im Sturzflug der Erde entgegenraste, so als sei die Maschine getroffen – eine Kriegslist, die den Feind bewog, zeitweilig das Feuer einzustellen. Kamerad Patzig hatte unser trautes Heim verlassen und trat einen Posten als Batteriekommandeur an, bis die letzte Granate verschossen war und seine Artilleriestellung in Trümmern lag. Meine chinesischen Diener waren über alle Berge, ich sagte es schon, auch der Laufjunge August war verduftet, und mit Schorsch, meinem Offiziersburschen, logierte ich im Erdgeschoß, weit weg vom Fenster, um vor Schrapnells geschützt zu sein. Am 5. September weckte uns das Dröhnen eines

Flugzeugmotors, und als wir auf die Straße liefen, schoss ein Doppeldecker im Tiefflug über unsere Köpfe hinweg, ein Wasserflugzeug zum Starten und Landen auf See, wie ich es selbst gern besessen hätte; einziger Makel war die rote Sonne auf der Tragfläche, das Hoheitszeichen der japanischen Luftwaffe. Vier dieser Ungetüme waren im Einsatz, und ihre dreiköpfige Besatzung zeigte nicht nur technisches Können, sondern auch Schneid, wenn sie Bomben ausklinkten und, unbehelligt von deutscher Artillerie, im offenen Meer landeten: Kein Wunder, denn wir hatten ihnen das Kriegshandwerk beigebracht.

Ich ließ mich nicht lumpen. Kaffee war Mangelware in Tsingtau, das erwähnte ich schon, und ich stopfte rostige Hufeisen, Zimmermannsnägel und Dynamit in Zwei-Kilo-Dosen mit der Aufschrift *Plambeck & Co – bester Javakaffee*, die ich mit Zündhütchen scharf machte: Selbst gebastelte Bomben, die ich wie rohe Eier handhabe und aus großer Höhe, versehen mit Grüßen aus Tsingtau, an die Japaner schickte: Einmal traf ich ein Torpedoboot, dann ein Küchenzelt, dessen Leinwand die Bombe abfederte, beim dritten Mal eine marschierende Kolonne und riss, Funksprüchen zufolge, ein Dutzend Japaner in den Tod. Meine Hauptsorge aber galt meinem Doppeldecker, den ich aus Holzleisten und Segeltuch täuschend nachbauen ließ und gut sichtbar am Rand des Flugfelds positionierte, wo er heftigen Beschuss auf sich zog, während ich die Rumpler-Taube startklar machte.

Anders als in Hollywoodfilmen verherrlichte *Tollkühne Männer in ihren fliegenden Kisten* hatte ich eine Heidenangst, als erst über mir, dann neben mir ein feindliches Flugzeug auftauchte, so nah, dass ich dem Piloten hätte zuwinken können. Genau das tat ich, und der Japse war so überrascht, dass er abdrehte. Irrtum, Freundchen, so billig kommst du nicht davon, sagte ich mir, verfolgte ihn und holte mit Schüssen aus meiner Parabellum-Pistole den Piloten vom Himmel herunter. Ein Beispiel dafür, dass Angst und Mut zwei Seiten derselben Sache sind: Nicht das Gute siegt, auch nicht der Bessere, sondern derjenige, der die wenigsten Skrupel hat.

9

Am 14. Oktober steigerte sich der sporadische Beschuss des am Meer gelegenen Forts zum Dauerfeuer, das den Boden unter meinen Füßen vibrieren ließ: Glühend heiße Bruchstücke von Dreißig-Zentimeter-Granaten zischten über meinen Kopf hinweg, während ich vom Kommandohügel herabblickte auf ein Inferno aus Wassersäulen, Flammen und Rauch. Der Stabschef reichte mir seinen Feldstecher, und innerlich frohlockend sah ich, dass der britische Kreuzer *Triumph* einen Treffer abbekommen hatte und mit Volldampf das Weite suchte. Wie durch ein Wunder blieb ich unverletzt und hatte, außer einer zerbeulten Keksdose und meinem angesengten Matrosenhemd, keine Verluste zu beklagen. Die Start- und Landepiste aber war, von Kratern gekerbt, zur Berg- und Talbahn geworden.

»Denken Sie daran, Plüschow, dass Sie für Tsingtau wichtiger sind als die tägliche Reisration«, brummte der

Stabschef, während ich meine Rumpler-Taube aus dem Hangar schob. »Bleiben Sie gesund und bringen Sie Ihr Flugzeug heil zurück – Hals- und Beinbruch!«

Als ich den letzten Krater umrundet hatte, hob die Maschine ab, mein Kopf dröhnte vom Propellerlärm, und im schwer zu durchschauenden Gewirr von Laufgräben und Stellungen blitzte Artilleriefeuer auf, das mir und meiner Taube galt. Der Krieg zerrte an den Nerven, die wochenlange Belagerung forderte ihren Preis, und jeder wusste, dass Tsingtau von nur viertausend Deutschen gegen eine mehrfache Übermacht auf Dauer nicht zu halten war.

»Mit Mir blickt unser gesamtes Volk voller Stolz auf die Helden von Tsingtau, die getreu den Worten des Gouverneurs ihre Pflicht erfüllen. Seien Sie Meines Dankes sich bewusst«, schrieb Kaiser Wilhelm am 27. Oktober in einem Telegramm, das, mit Hurrarufen begrüßt, dem Kampfeswillen frischen Auftrieb gab. Drei Tage später wendete sich das Blatt.

Zum Geburtstag des Mikado am 31. Oktober planten die Japaner, dem Tenno den Hafen von Tsingtau als Geschenk zu überreichen, auf einem Silbertablett, in Seidenpapier verpackt. Zuerst schossen ihre Schiffsgeschütze die Petroleumtanks in Brand, dann traten die Küstenbatterien in Aktion, und der Eisenhagel verdichtete sich zum Stahlgewitter, das Bergwälder abrasierte, Hügelkuppen terrassierte und alles, was hochragte, dem Erdboden gleichmachte. Nur die Brauerei blieb vom Kugelregen verschont, weil alle kriegführenden Parteien Bier tranken.

10

Die Munition ging zur Neige, und der Kommandant befahl, die Geschütze unbrauchbar zu machen, damit keine deutsche Haubitze dem Feind in die Hände fiel. Am 1. November wurde der österreichische Kreuzer *Kaiserin Elisabeth* von seiner Mannschaft versenkt, am Tag darauf das Kanonenboot *Jaguar*, und Dockarbeiter sprengten die Werft samt dem zum Wahrzeichen Tsingtaus gewordenen Riesenkran. Gemeinsam mit meinem Flugkameraden aus Wien baute ich einen Wasserdoppeldecker, als der Gouverneur die Arbeit einzustellen befahl mit den Worten: »Wir erwarten stündlich den Hauptsturm!« Und er übergab mir eine Tasche mit Geheimpapieren und einen Stoß Feldpostbriefe mit der Order, Tsingtau auf dem Luftweg zu verlassen. »Gott befohlen – hoffentlich kommen Sie heil durch!« Mit stummem Händedruck dankte Meyer-Waldeck mir für meinen Einsatz, während ich Abschied nahm mit dem Ruf: »Melde mich von der Festung ab!«

Ich inspizierte zum letzten Mal die Räume meiner Villa, zahlte meinen Offiziersburschen aus, öffnete die Stalltüren, entließ die Fuchsstute Fips in die Freiheit und tätschelte den Kopf meines Hundes, bevor ich mit Kartentasche und Feldpostbriefen unter dem Arm die Rumpler-Taube bestieg. Es war der 6. November 1914, der Mond stand käsebleich und durchsichtig am Himmel, und der Propeller surrte wie in den besten Zeiten, als die Maschine zur Startposition rollte und wie ein von der Sehne schnellender Pfeil über das Flugfeld schoss. Statt der bleigrauen See lag unter mir ein von Blitzen durchzucktes Feuermeer, von dem die Hauptkampflinie sich deutlich abhob, gegen die der Feind in Wellen anstürmte. Beim Gedanken an die am Boden zurückbleibenden Kameraden, die in diesem Höllenloch schmorten, kamen mir Tränen, aber ein furchtbarer Stoß, der das Flugzeug erschütterte, rüttelte mich wach. Ich zwang mich zur Ruhe, hielt Kurs und konnte, trotz eines Lochs in der Tragfläche, die Maschine vor dem Absturz bewahren. Langsam, aber stetig schraubte ich mich in die Höhe, Nebel und Wolken schoben sich über den Höllenschlund, und erleichtert stellte ich fest, dass der Blockadedurchbruch gelungen war.

Ich drehte eine Ehrenrunde über der japanischen Flotte, die sich mit Artilleriefeuer von mir verabschiedete, und flog gen Westen, dem chinesischen Festland entgegen. Um acht Uhr früh hatte ich zweihundertfünfzig Kilometer zurückgelegt und blickte auf mein in der Provinz Jiangsu gelegenes Reiseziel herab. Alles sah friedlich aus, wie in meinen Instruktionen beschrieben, aber auf den überschwemmten Reisfeldern war keine Landebahn zu sehen, bis ich ein von Mauern und Gräben umhegtes Areal entdeckte, das halbwegs trocken erschien. Um acht Uhr fünfundvierzig landete ich im Morast, der so zäh war, dass das Fahrwerk stecken blieb und die Maschine sich fast überschlug. Der Propeller zerbarst, doch meine Knochen blieben heil. Die Stille um mich herum kam mir unnatürlich vor, denn erstmals seit drei Monaten hörte ich keinen Geschützdonner mehr, weder das Krachen der Granaten noch das Fauchen der Schrapnells.

Stattdessen drang Kindergeschrei an mein Ohr, aber als ich aus dem Cockpit kletterte, rannten die am Rand der Piste wartenden Zuschauer in wilder Flucht davon. Vermutlich hatten sie noch nie ein Flugzeug gesehen. Ich packte zwei strampelnde Burschen an den Zöpfen, aber erst als ich ihnen Geldmünzen zusteckte, beruhigten sie sich und halfen mir, das Flugzeug auf die Beine zu stellen. Das Staunen der Chinesen! Das Antasten und Befühlen! Das Schnattern und Lachen! An dieser Stelle deckt sich meine Schilderung mit dem, was der Chinareisende Ferdinand von Richthofen eine Generation vor mir zu Papier brachte: »Eine Menschenmenge ist leicht zu verscheuchen, aber sie sind wie die Fliegen; kaum sind sie weg, kommen sie dreister zurück. Auf allen Gesichtern lässt sich das brennende Verlangen ablesen, alles anzufassen und ihre Finger in Taschen und Koffer zu stecken. Ein kräftiger Fluch oder das Schimpfwort *mei bánfa* genügt, und das Schauspiel beginnt von vorn.«

Umringt von einer Horde Kinder hütete ich mit entsicherter Pistole die Kartentasche mit den Geheimdokumenten und harrte des Kommenden, als der Ruf »Good morning, Sir!« mich aus meinen Betrachtungen riss. Dr. Morgan, ein amerikanischer Missionar, lud mich zum Frühstück ein und verwöhnte mich mit Spiegeleiern und Speck. Der Kriegseintritt der USA lag noch in der Ferne, Washington wie auch Peking waren neutral, und ein chinesischer Offizier meldete, dass eine Ehrenwache mich zum Palast des Mandarins eskortieren würde. Zum Beweis friedlicher Absichten übergab ich dem Offizier meinen Wehrpass, besprengte das Flugzeugwrack mit Benzin und ließ es in Flammen aufgehen. Anschließend verfügte ich mich zum Amtssitz des Mandarins, dem ich mit Bücklingen meine Reverenz erwies, und berichtete wahrheitsgemäß, dass Tsingtau von japanischen Truppen belagert, aber nicht erobert worden sei. Er wollte wissen, wie ich von Kiautschou nach Haizhou gelangt sei, ob ich wie ein Vogel durch die Luft geflogen oder auf einem Drachen reitend angereist sei? Meine Antwort, ich sei in Deutschland zum Piloten ausgebildet worden, überzeugte ihn nicht, und die Audienz endete, wie sie begonnen hatte, mit Verbeugungen und der Bekundung gegenseitigen Respekts.

11

Hier endet die Geschichte des Fliegers von Tsingtau, aber wer mein Buch zu Ende liest, weiß, dass sie hier erst richtig beginnt. Gemeint ist meine abenteuerliche Flucht, die der von Dr. Richard Kimble an Dramatik nicht nachsteht und Jules Vernes *Reise um die Welt in achtzig Tagen* noch übertrifft. Doch ich will das Geschehen der Reihe nach erzählen, so wie es sich wirklich zugetragen hat.

Der Mandarin – »satt zu herrschen, müd zu dienen«, wie Goethe schreibt – hielt Wort, ich wurde in eine von Soldaten eskortierte Sänfte gesetzt und zu seinem Palast getragen, wo ein Festbankett mit gebratenen Entenzungen und anderen Köstlichkeiten mich erwartete. Dazu wurde nach deutschem Reinheitsgebot gebrautes Bier serviert, und wir stießen auf die Freundschaft des Reichs der Mitte mit dem Deutschen Kaiserreich an. Der Mandarin ließ es sich nicht nehmen, mir jeden Leckerbissen, wie in China üblich, persönlich auf den Teller zu legen, während der amerikanische Missionar das Gespräch dolmetschte und der Kommandeur der Eskorte Neugierige aus dem Vorzimmer vertrieb. Als Vertrauensbeweis schenkte ich ihm meine Mauser-Pistole mit Halfter und Munition, aber trotz der Bewegungsfreiheit, die ich angeblich genoss, wurde mir ein Soldat als Ehrenwache zugeteilt, zu meinem Schutz, wie es hieß. Jetzt war keine Zeit zu verlieren: Der Posten sprach Englisch, ich schickte ihn zum Zigarettenholen weg, verabschiedete mich auf Französisch und verließ den Palast durch die Hintertür. In letzter Sekunde bestieg ich einen nach Schanghai fahrenden Expresszug und kletterte über zwei schnarchende Schotten hinweg in die Bettkoje, die der Schlafwagenschaffner mir zuwies. Zum Glück hatte ich Geld verschiedener Währungen bei mir, das beste Schmiermittel in Notlagen am Rande der Legalität, doch statt zu der in meinen Instruktionen angegebenen Adresse zu fahren, stieg ich unter dem Decknamen Cecil Brown im Seemannsheim ab. Mein Cockney-Akzent, den ich mir in London zugelegt hatte, zerstreute jeden Verdacht, und für den Ernstfall hatte ich eine Flasche Whisky parat, ein Zaubertrank, dem kein Seemann widersteht. Tagsüber las ich die auf dem Nachttisch liegende Bibel, nach Einbruch der Dunkelheit ging ich auf den Chinesenmarkt und kleidete mich als amerikanischer Matrose ein. So kostümiert machte ich Herrn Bronstein meine Aufwartung, einem Kaufmann aus Odessa, der mir dringend davon abriet, mich Smith oder Miller zu nennen – unter diesen Namen seien mehrere Deutsche unterwegs, nach denen die Militärpolizei fahnde. Für entsprechendes Entgelt erklärte er sich bereit, mir eine

Schiffspassage in die Vereinigten Staaten zu besorgen, und schon am nächsten Tag händigte er mir die Dokumente aus: Fortan hieß ich McGavin, Vertreter von Singer-Nähmaschinen, und hatte eine Kabine der Luxusklasse von Schanghai nach San Francisco gebucht; leider legte die *Mongolia*, so hieß das stolze Schiff, unterwegs in japanischen Häfen an.

12

Mr. McGavin war unpässlich. Er hütete das Bett und ließ sich weder am Kapitänstisch sehen noch bei den Passagieren erster Klasse, deren Gesellschaft er mied. Wir wissen nicht genau, an was für Gebrechen er litt, aber Seekrankheit scheidet aus, denn als Handelsvertreter der Firma Singer war er Schiffsreisen gewohnt. Der Bordarzt diagnostizierte eine Fischvergiftung, vielleicht war es auch eine Geschlechtskrankheit, aber der Lebertran, den er dem Patienten verschrieb, machte alles noch schlimmer und hinterließ einen solchen Gestank, dass der Steward, der ihm das Essen ans Bett brachte, die Luxuskabine fluchtartig wieder verließ. Nach drei Tagen auf See kam Nagasaki in Sicht. Der Hafen war festlich beflaggt, um die Eroberung Tsingtaus zu feiern, doch McGavin war immer noch unpässlich; erst nach mehrfachem Klopfen öffnete er die Tür, und die Vertreter der Hafenbehörde, ein Zolloffizier, ein Kriminalbeamter und ein Polizist, zuckten zurück, weil Japaner extrem geruchsempfindlich sind. Der Bordarzt flüsterte ihnen zu, der Passagier leide an Amöbenruhr, und die Delegation begnügte sich mit der oberflächlichen Inspektion meines Gepäcks. Die Prozedur wiederholte sich in Kobe und Yokohama, wo Mr. McGavin angesichts uniformierter Japaner einen Hustenanfall bekam; erst als das Inselreich hinter ihm lag, enthüllte er dem Schiffsarzt seine wahre Identität. Der lachte schallend und gab zu, den Sachverhalt geahnt und die Komödie mitgespielt zu haben.

Bei der Einfahrt in den Hafen von Honolulu rieb ich mir ungläubig die Augen, als ich neben dem Sternenbanner die deutsche Kriegsflagge wehen sah. Die *Geier* lag hier vor Anker, ein kleiner Kreuzer, der nach wochenlangem Katz- und Mausspiel seinen Verfolgern entwischt und in einen neutralen Hafen eingelaufen war. Die im Strandhotel internierte Mannschaft spielte Skat und sang im Chor *Es gibt kein Bier auf Hawaii*, obwohl es an Bier nicht mangelte und das Lied noch nicht komponiert, geschweige denn in die Hitparaden gelangt war. Doch ich bin kein Skatbruder und ziehe barbusige Hawaii-Mädchen deutschen Matrosen vor.

13

Ich staunte nicht schlecht, als man mir beim Landgang in San Francisco eine Zeitung unter die Nase hielt, auf der unter einer fettgedruckten Schlagzeile mein Konterfei prangte. Ohne mich zu informieren oder um Erlaubnis zu fragen, hatte der Bordarzt meine bevorstehende Ankunft durchtelegraphiert, und als ich ihn zur Rede stellte, meinte er, ich müsse ihm dankbar sein: Egal ob Held oder Übeltäter, ich sei eine prominente Persönlichkeit, und publizistischer Ruhm werde mit harten Dollars bezahlt. Fortan konnte ich mich kaum noch retten vor Interviewanfragen – selbst ein Korrespondent der Zeitung *Asahi Shimbun* ersuchte um einen Gesprächstermin, und japanische Fotografen lauerten im Hotelkorridor, wo ich sie am Kragen packte und an die Luft setzte.

Im Deutschen Club von San Francisco hielt ich einen Vortrag, der aus nur sechs Worten bestand: »Ich bin der Flieger von Tsingtau« – der Rest meiner Ansprache ging in Jubelrufen und Applaus unter, und ortsansässige Deutsche, vom Hafenarbeiter bis zum Brauereibesitzer, spendeten Geld, Uhren und Schmuck für die kaiserliche Marine. Die öffentliche Meinung der USA war gespalten zwischen Neutralität oder Kriegseintritt, Deutschfreundlichkeit oder Englandhörigkeit; erst als es den Kriegsbefürwortern gelang, die Frauenvereine ins Boot zu holen, wendete sich das Blatt: Deutschland sei ein Hort des Alkoholismus, hieß es jetzt, und vergifte Amerikas Jugend mit Wein und Bier, um ihre Kampfmoral zu schwächen und den Wehrwillen zu zersetzen – Germanophobie und Prohibition waren zwei Seiten derselben Sache.

Ich absolvierte eine triumphale Vortragstournee von San Francisco nach New York, wo ich das gesammelte Geld und die gespendeten Wertsachen an einem sicheren Ort deponierte, um sie einem guten Zweck zuzuführen. Nur einen kleinen Teil davon zweigte ich ab und erwarb in Chinatown einen auf den Namen Ernst Suse ausgestellten Schweizer Pass. Mit diesem Dokument schiffte ich mich auf dem Passagierdampfer *Duca degli Abruzzi* ein, der unter italienischer Flagge von New York nach Neapel fuhr. Auf hoher See fielen mir mehrere wortkarge Männer auf, die selten ihre Kabinen verließen und nur Schwyzerdütsch sprachen. Die Anwesenheit von Schweizern auf einem italienischen Schiff war der Hafenbehörde in Gibraltar suspekt, und der Schweizer Konsul kam an Bord, um die Identität der Passagiere zu überprüfen. Das Wort *Grüezi* genügte, und der Konsul kam zu dem Schluss, dass es sich nicht um Schweizer handelte, sondern um Reichsdeutsche, die mit Schweizer Pässen reisten, um sich dem Heer des Kaisers anzuschließen. Mitgefangen, mitgehangen: Wie sich herausstellte, stammten die Pässe aus ein- und derselben Fälscherwerkstatt in New York.

14

Ich überspringe meine Internierung in Gibraltar und die anschließende Überfahrt nach England. Nicht nur die wie Sardinen zusammengepferchten Kriegsgefangenen, auch unsere Bewacher wurden seekrank und mussten sich so oft übergeben, dass wir Mitleid bekamen und Medikamente mit ihnen teilten. Sie zitterten beim Gedanken an deutsche U-Boote und Torpedos, und vor der Ankunft in Plymouth notierten sie unsere Adressen und ließen sich schriftlich bestätigen, dass sie uns gut behandelt hätten für den Fall, dass sie in deutsche Gefangenschaft gerieten. *À la guerre comme à la guerre:* Wie stets beim Militär kommt es auf den Charakter des Vorgesetzten an, und wer im Zivilleben Untergebene malträtiert, tut es auch hier. Von Ausnahmen abgesehen, wurden wir korrekt behandelt; in meinem Fall trat erschwerend hinzu, dass die Hearst-Presse meine Heldentaten in Tsingtau und die Umstände meiner Flucht in die Welt hinausposaunt hatte, sodass ich strenger bewacht und schärfer beobachtet wurde als meine Kameraden. Umso positiver überraschte es mich, dass das *War Office* meinen Protesten stattgab – als Offizier hatte ich mich geweigert, Decks zu schrubben und Latrinen zu putzen – und mir ein besseres Quartier zuwies. Bei dieser Gelegenheit bekam ich die Dollars zurück, die ich bei der Festnahme in Gibraltar bei mir getragen hatte. Wie kameradschaftlich der Umgang mit der Wachmannschaft war, zeigte sich darin, dass wir ihren Angehörigen ein Ständchen darbrachten, als diese das Lager besuchten: Den Frauen und Kindern standen Tränen in den Augen, als wir *Die Wacht am Rhein* anstimmten. Trotzdem weigerte ich mich, eidesstattlich zu erklären, ich sei bereit, auf Fluchtversuche zu verzichten – im Gegenteil: Mein Fluchtplan stand von Anfang an fest, und bei jeder Verlegung an einen anderen Ort prägte ich mir Kirchtürme und Bahnhöfe, Straßen und Wege genau ein.

15

Letzte Station meiner Odyssee durch England war das Offizierslager Donington in Leicestershire, das als ausbruchsicher galt wegen seines Zauns aus elektrisch geladenem Stacheldraht. Ich wurde bestens verpflegt, durfte Briefe schreiben, Post aus der Heimat empfangen und hielt mich mit Tennis und Fußball körperlich fit.

Zur Bekämpfung des Lagerkollers, der am härtesten jene traf, die den Krieg nur vom Hörensagen kannten, zog ich mich in eine von Efeu umrankte Grotte zurück und beobachtete das Kommen und Gehen der Wachposten und Offiziere. Am Morgen des 4. Juli war es so weit: Zusammen mit Oberleutnant Trefftz, einem Marineflieger, der fließend Englisch sprach, meldete ich mich beim Zählappell krank, und als der diensthabende Sergeant unsere Stube betrat, traf er uns im Bett liegend an. Beim Abendappell nahmen zwei Kameraden unsere Plätze ein, während wir, in der Efeugrotte versteckt, die Wachablösung abwarteten. Um halb elf ertönte das Signal zum Schlafengehen, und zwei Posten mit Stablampen kontrollierten den Drahtverhau. Nach Mitternacht schlüpften wir aus unserem Versteck und überwanden im ersten Anlauf den drei Meter hohen Zaun, Hände und Füße mit Gummigamaschen umwickelt, um keinen Alarm auszulösen und nicht verletzt zu werden. Im Wald zogen wir Zivilkleider an, die wir zusammen mit Lebensmitteln dort hinterlegt hatten. Seit acht Stunden hatten wir nichts zu uns genommen; wir stillten den Hunger mit Schokolade und tranken Wasser aus Regenpfützen. Auf der Landstraße nach Derby kam uns ein betrunkener Matrose entgegen, der anzüglich mit der Zunge schnalzte, während wir uns, ein Liebespaar mimend, umarmten. Nach der im Freien verbrachten Nacht bestiegen wir früh am Morgen einen nach London fahrenden Expresszug, ständig in Angst, von Militärpolizisten kontrolliert und erwischt zu werden. Aber alles ging gut. In London trennten wir uns, doch am vereinbarten Treffpunkt in der St. Paul's Cathedral wartete ich vergeblich auf meinen Kameraden; sein Ausbleiben hieß, dass er den Häschern ins Netz gegangen war. Am nächsten Tag hingen Fahndungsplakate mit meinem Steckbrief in allen Bahnhöfen und Metrostationen, und Londons Zeitungen berichteten in großer Aufmachung über unsere spektakuläre Flucht: Trefftz, hieß es, habe sich der Polizei gestellt, Gunther Plüschow bleibe weiterhin »at large«, doch Scotland Yard sei ihm auf der Spur.

Die Zeit drängte, und ich verwandelte mich von Ernst Suse und Mr. McGavin zurück in Cecil Brown, entledigte mich meiner im Steckbrief beschriebenen Kleider, färbte mir mit Schuhwichse das Haar, schwärzte Hals und Hände mit Ruß und schlüpfte in ein Matrosenhemd, das ich in Schanghai gekauft hatte. So kostümiert lungerte ich in Hafengassen herum, kaute Kaugummi und gab abwechselnd an, ein Seemann aus New York oder ein englischer Dockarbeiter zu sein. Was mich vor Entdeckung schützte, waren der waschechte Cockney-Akzent sowie mein Körpergeruch, der jeden, der mir zu nahe kam, auf Distanz gehen ließ.

Im Oberdeck eines Omnibusses hörte ich zufällig, dass eine niederländische Fähre alle zwei Tage von der Themse-Mündung nach Vlissingen fuhr. Die Information war Gold wert, weil die Zeitungen keine Fahrpläne mehr druckten. Ich verlegte meinen Aktionsradius nach Gravesend, wo ich in einem Bootsschuppen unterkroch und herausfand, dass und wie die *Prinzess Juliana* und die *Mecklenburg* – der Schiffsname war ein gutes Omen für mich – sich auf der Fahrt nach Vlissingen abwechselten. Aber wie gelangt man auf einen in der Flussmitte ankernden Dampfer?

Die genaue Schilderung der Gezeitenströme und der davon ausgehenden Gefahr würde ein eigenes Buch erfordern, das Joseph Conrad schreiben müsste. Nur so viel sei gesagt: Beim ersten Versuch versank ich bis zu den Knien im Uferschlick, aus dem ich mich mühsam wieder befreite; im zweiten Anlauf spülte die reißende Strömung mich völlig unterkühlt gegen einen Brückenpfeiler, der mir das Leben rettete; beim dritten Mal enthielt das an einer Boje vertäute Boot, das ich nur mit Mühe schwimmend erreichte, keine Riemen, sprich Ruder. Aller guten Dinge sind vier: Ich requirierte ein Dinghi, dessen Besitzer, ein Küstenfischer, gerade Mittagsschlaf hielt, kletterte über die Ankerkette an Deck der *Prinzess Juliana* und verbarg mich, schlotternd vor Kälte, in einem Rettungsboot, dessen Persenning ich zuschnürte. Als der Dampfer ablegte, schlief ich zu Tode erschöpft ein.

16

Das Tuten der Schiffssirenen weckte mich, und durch die Ritzen der Persenning spähend sah ich die Kaimauer von Vlissingen, an der die Fähre festmachte. Geschafft! Ich ließ alle Vorsicht beiseite, rempelte einen Decksoffizier an, der mir erstaunt nachblickte, und verließ laut pfeifend, Hände in den Hosentaschen, das Schiff. Die ankommenden Passagiere reihten sich mit gezückten Pässen vor einem Maschendrahtzaun auf, ich aber lief an der Warteschlange vorbei zu einer Tür mit der Aufschrift *Niet instappen!* und trat auf die Straße hinaus. Endlich war ich ein freier Mann! Nach einem herzhaften

Frühstück – in Holland schmeckt der Kaffee besonders gut – wusch ich mich auf der Bahnhofstoilette und bestieg einen nach Deutschland fahrenden Zug. Ich nahm Platz im Erste-Klasse-Abteil, missbilligend gemustert von einem Offizier mit Schmissen im Gesicht, der mir naserümpfend Platz machte – mein Geruch behagte ihm nicht.

Am Grenzbahnhof Goch wurde ich am Schlafittchen gepackt. »Wir haben ihn«, rief ein preußischer Wachtmeister, dem ich am liebsten um den Hals gefallen wäre: »Soso, aus London willst du geflohen sein? Höchst verdächtig, mit Spionen machen wir kurzen Prozess!« Aber statt mich am nächstbesten Baum aufzuknüpfen, entkorkte er eine Flasche Sekt, nachdem ein Kapitänleutnant, den ich von der *Bismarck* her kannte, mich identifiziert und die Marineführung meine Angaben bestätigt hatte. Am Bahnhof Zoo wartete meine Verlobte auf mich mit einem Rosenstrauß, einer frisch gebügelten Uniform und – aller guten Dinge sind drei – dem Eisernen Kreuz, das Admiral von Pohl mir persönlich an die Brust heftete.

Nach einem Erholungsurlaub, in dem ich meine Erlebnisse zu Papier brachte – *Die Abenteuer des Fliegers von Tsingtau* waren ein Bestseller, wie gesagt –, wurde ich auf Wasserflugzeuge umgeschult und leitete Seeflugstationen in Kiel-Holtenau und Seddin, bis die Marine mich Ende 1919 entließ. Ich arbeitete als Postflieger, erwarb das zivile Kapitänspatent und leitete Kreuzfahrten durchs östliche Mittelmeer. Dort lud ein Hamburger Reeder mich ein, an der Südspitze Südamerikas einen lang gehegten Kindheitstraum zu verwirklichen. Ich filmte die stürmische Umschiffung von Kap Hoorn, und mein von Ullstein verlegtes Buch *Segelfahrt ins Wunderland – Im Reich der Papageien und Guanakos* wurde zum Verkaufsschlager wie der darauf basierende Film, den ich im Deutschen Club von Buenos Aires vorführte. Bei dem Versuch, unerforschtes Terrain im Süden Chiles und Argentiniens zu kartieren, stürzte mein von Heinkel gebautes Wasserflugzeug in den Lago Argentino; der Absprung mit dem Fallschirm misslang, und am Tag danach wurde mein Leichnam aus dem eiskalten Wasser gefischt. Zusammen mit meinem Kopiloten Dreblow wurde ich am Seeufer beigesetzt, mit Blick auf den Perito-Moreno-Gletscher, der heute eine Touristenattraktion ist. Später wurden meine sterblichen Überreste nach Deutschland überführt, wo ich nach kurzem, euphorischem Erfolg in Vergessenheit geriet. Mein Ehrengrab in Berlin-Lichterfelde zieht weniger Besucher an als der Nachbau der Rumpler-Taube, die zusammen mit meiner Pilotenjacke im Museum des Militärflugplatzes Berlin-Gatow ausgestellt ist, weil Großbritannien dem Kriegsgegner von einst mehr Respekt erweist als die deutsche Öffentlichkeit.

OKIDOKI (2)

Spitzweg hat die Szene gemalt: Ein Mann in mittleren Jahren steht auf einer Trittleiter und nimmt ein Buch aus dem Regal, einen in Leder gebundenen Folianten, den er sich aufgeschlagen vor die kurzsichtigen Augen hält, ein weiteres Buch unter den Arm und noch zwei zwischen die Beine geklemmt. Es kommt, wie es kommen muss: Der Bücherwurm oder Büchernarr, wie man früher sagte, vielleicht ist es auch ein Bibliothekar, verliert das Gleichgewicht und fällt von der Leiter, wie es mir kürzlich passierte, als ich in der mit Büchern vollgestopften Kammer meiner Wohnung, ursprünglich eine Dienstbotenkammer, in die ich Regale einbauen ließ, auf eine wacklige Leiter stieg. Ich musste niesen beim Einatmen des von Bücherwürmern durchgekauten Papiermehls, die Sprosse, auf der ich stand, gab nach, und ich fiel von der Leiter, ohne mir den Oberschenkelhals zu brechen, ein Missgeschick, gegen das ich versichert bin: Sie in Ihrem Alter, hatte der Versicherungsfritze gesagt, und statt den nach Old Spice duftenden Vertreter vor die Tür zu setzen, unterschrieb ich den Vertrag, den er mir aufschwatzte: Sie in Ihrem Alter! Jetzt aber lag ich am Boden, unverletzt, wie ich Knie- und Fußgelenke abtastend feststellte, und statt eines goldgeprägten Folianten hielt ich einen Leitzordner im Arm aus dem Nachlass von Aenne Mosler, geborene Monreal, die über uns gewohnt hatte in Wetzlar, Helgebachstraße 32, später in der Landhege 57, wo ich, den grünen

Buckelvolvo im Wendehammer parkend, sie regelmäßig besuchte, Aenne Mosler, genannt Tanti, die mich mit Schwarzwälder Kirschtorte verwöhnte und die Stelle meiner mit der Geburt ihrer Tochter beschäftigten Mutter vertrat. Moseladel, hatte mein Bruder am Telefon gesagt, und hier schließt sich der Kreis, der mit der *Mosella* des Ausonius begann, Decimus Magnus Ausonius, der letzte lateinische und erste deutsche Dichter, was so nicht stimmt, denn Ausonius war Prinzenerzieher im galloromanischen Trier zu einer Zeit, als es Alemannen, Bataver, Chatten und andere germanische Stämme, aber noch keine Deutschen gab. Schwamm drüber!

Ich habe Tante Mosler so oft wie möglich besucht, doch am Ende ihres Lebens, als sie im Kreiskrankenhaus starb, nur fünfhundert Meter Luftlinie von ihrem Reiheneckhaus entfernt, ließ ich sie im Stich, obwohl sie mich flehentlich bat, bei ihr zu bleiben. Noch heute mache ich mir Vorwürfe deshalb.

Abschrift des zerknitterten Briefes vom 24. VIII. 1914

Mein liebes süßes Mädelchen!

Nun habe ich Dir in letzter Zeit genug über den Krieg usw. berichtet und verspüre das Bedürfnis, unsere Beziehung zu bedenken. Du glaubst nicht, wie sehr Du mir fehlst, Du und all das Schöne, das uns in den letzten anderthalb Jahren verband. Ich weiß jetzt, wie maßlos lieb ich Dich habe, wie das Leben wertlos für mich ist, wenn ich Dich je verlieren sollte, und lieber als das wäre mir eine russische Kugel. Wir behalten uns lieb, es darf keiner von uns auch nur einen Moment lang den Wunsch haben, die Treue zu brechen, ich kann es nicht und das Gegenteil wäre für mich ein Unglück schlimmster Art. Vergiss das nicht!! Ich denke täglich an unsere Zukunft als Ersatz für alle Entbehrungen und Entsagungen, die man uns abverlangt, und nur der Gedanke, dass ich Dich habe, macht mir das alles viel leichter! Hoffentlich können wir in spätestens zwei Jahren heiraten, und wie ich es mir vorstelle, muss es eine ideale Sache werden, denn nur eine durch kein fremdes Moment getrübte Ehe ist ein Ideal, das mir das Leben gelassen hat – in diesem Sinne wollen wir denken, handeln, leben. Ich habe einige reizende Sächelchen für Dich aus einem prachtvollen Schloss erworben, das nachher mit seinen Schätzen niedergebrannt ist, seit wieder geschossen wird. Das ist der Krieg, und da hat Kunst und Kultur ein Ende. Was könnte man alles mitnehmen, aber räubern will man nicht, selbst wenn das Schönste vernichtet wird. Die Kleinigkeiten, ein Aschenbecher kugelrund mit Silhouetten bemalt und einen Delfter Bauernkrug sehe ich schon im Geiste in Deinem Zimmer stehen als Andenken an eine harte Zeit, wenn wir erst unser eigenes Heim haben werden, und dass es darin froh und glücklich zugehen möge, ist mein innigster Wunsch! Die allerherzlichsten Grüße und einen langen, heißen Kuss von Deinem *Franz*.

Darunter mit Rotstift geschrieben: »Für Dich alleine zu lesen.«

Diesen Brief, abgeschrieben auf liniertem Papier in Tantis klarer, gut lesbarer Schrift, hielt ich in Händen, als ich den Leitzordner aufschlug, und ich konnte die Abschrift datieren, denn bei meinem vorletzten Besuch vor Tantis Tod, der mit Goethes 150. Todestag zusammenfiel, hatte sie tränenüberströmt in der Tür gestanden, als ich an ihrem Reihenhaus klingelte in Wetzlar, Landhege 57. In meiner Erinnerung trägt sie ein geblümtes Sommerkleid, aber so, mit tränennassem Gesicht, habe ich sie noch nie gesehen, was ist los, Tanti, sag mir, was los ist? Sie hat die Briefe von Franz wiedergelesen, sagt sie schluchzend, Franz Mosler, Leutnant der Reserve, Assistenzarzt eines in Wolhynien stationierten Infanterieregiments, der am laufenden Band, den Ausdruck gab es schon, Arme und Beine amputierte, als ihn eine von Kosaken abgefeuerte Kugel traf, obwohl das Sanitätszelt, in dem er Verwundete operierte, gut sichtbar mit einem Roten Kreuz gekennzeichnet war. Das war im Herbst 1915, gefallen für Kaiser und Vaterland, ein Jahr, nachdem Franz um ihre Hand angehalten hatte, möge ihre Familie den Verewigten in treuem Andenken bewahren, Wilhelm Rex, danach war für Aenne Monreal, die noch nicht Tanti hieß, nichts mehr so wie zuvor, eine Welt brach zusammen, sie rührte kein Fleisch mehr an, ernährte sich von Joghurt und Quark, in den sie Sanddornsirup und Leinsamen mischte, schon als Kind hatte sie das Wildbret, das ihr Vater, ein passionierter Jäger, von der Pirsch mitbrachte, verschmäht und die Fleischbissen in Blumentöpfen entsorgt, erst zehn Jahre später heiratete sie Alfred, den jüngeren Bruder von Franz, der hirnverletzt von der Westfront heimkehrte, aus Mitleid, nicht aus Liebe, wie sie selbst sagt, und vielleicht ist das der Grund, warum die Ehe kinderlos blieb. Nein, das stimmt nicht, denn sie hielt ihrem Verlobten die Treue und verweigerte sich ihrem Mann, ich weiß nicht, ob Aenne Monreal jemals Sex gehabt hat, sie war Jungfrau und wurde zur alten Jungfer, passend zum Rufnamen Tanti. Oder aber – auch das ist möglich – die Kriegsverletzung hatte Onki, den Bruder von Franz, zeugungsunfähig gemacht.

TUA RES AGITUR: All das betrifft mich ganz direkt, und erst jetzt, als ich den Brief wiederlese, den Franz Mosler ihr im Sommer 1914 geschickt und den sie ein Menschenalter danach abgeschrieben hat, weil er, knittrig und mit Tränen benetzt, unlesbar geworden war, fällt es mir wie Schuppen von den Augen und ich begreife, welche Rolle Tanti mir in diesem Passionsspiel zugedacht hat. Ich bin der wiedergeborene Franz, der lebende Beweis dafür, dass ihr Verlobter aus dem Totenreich zurückgekehrt und Liebe stärker ist als der Tod – Orpheus und Eurydike, Lot, der beim Blick auf Sodom zur Salzsäule erstarrt – oder war es Lots Weib? Männchen oder Hänschen, sagt Tanti zu mir, während ich an einem Stück Torte herumstochere, du wirst mal Chefarzt oder Chirurg, Dirigent oder, warum nicht, Schriftsteller! Und sie stellt mir Wilhelm Furtwängler und den Arzt von San Michele, dessen Geschichte neben *Via Mala* im Bücherschrank steht, als Vorbilder hin. Wie heißt er doch gleich? Axel Munthe, ganz recht, und Alfred Mosler, genannt Onki, nickt beifällig, denn auch er glaubt, dass ich zu Großem berufen bin und Oberarzt werde, weil ich schon mit zwölf *Das war mein Leben* von Ferdinand Sauerbruch, als Fortsetzungsroman gedruckt in der *Revue*, und *El Hakim* von John Knittel gelesen habe.

Tanti hat recht, denn als ich vom Schreibtisch aufstehe, fällt mein Blick auf einen kugelrunden Aschenbecher, verziert mit Commedia-dell'Arte-Figuren, der Aufschrift Trade Mark und einer Seriennummer auf der Unterseite, und auf eine mit Greifen dekorierte Vase, die nicht in Delft, sondern in Gien gefertigt wurde und wie der Aschenbecher, recte Zigarrentöter, aus dem vorvorigen Jahrhundert stammt: Antiquitäten, die ich der Fernsehsendung *Bares für Rares* zum Verkauf anbieten könnte. Doch nicht deshalb wird mir heiß und kalt, und ich frage mich, wie ausgerechnet diese Objekte, von Franz Mosler als Sächelchen apostrophiert, aus einem Schloss in Wolhynien in Tantis Besitz und, Umzüge und Wohnungsauflösungen überdauernd, aufs Kaminsims meiner Wohnung gelangt sind – man könnte abergläubisch werden!

Die verdrängte Vergangenheit meldet sich zurück, und damit ist ausnahmsweise nicht die Nazizeit gemeint, sondern die Nachkriegszeit, in der ich mir Ersatzeltern suche, während meine Mutter ihr viertes Kind stillt, ein Mädchen, das mich aus dem Ehebett vergrault, und mein Vater an der Uni Marburg Vorlesungen über die hessische Gemeindeordnung hält. In meiner Erinnerung sitzt er lesend im Liegestuhl, Stapel von Gesetzbüchern neben sich, gräbt das Mistbeet um oder repariert den Hühnerstall, damit kein Marder eindringen und die Hennen totbeißen kann, und viel zu selten nimmt er mich auf den Schoß, um *Hoppe, hoppe Reiter* zu spielen oder mir *Hans im Glück* vorzulesen, der einen Goldklumpen hergibt für ein Pferd eine Kuh eine Gans einen Schleifstein, der plumps in den Brunnen fällt. Später tritt mein Vater ins hessische Innenministerium ein, noch später ins Auswärtige Amt und wird als Generalkonsul von Bonn nach Sydney versetzt, während meine Mutter über Schwindelanfälle und rasende Kopfschmerzen klagt, die sich, statt nachzulassen, stetig verschlimmern. Auf einem Porträt des Malers Ernst Kelle ist zu sehen, wie ihr rechtes Auge immer weiter hervortritt, Kelle war ein Expressionist, der bei der Bombardierung Hamburgs seine Bilder verlor, schon vorher hatten die Nazis ihm und seinem Lehrer Nolde Malverbot erteilt, und hier kommt ein weiterer Zufall ins Spiel, der Anruf eines mir unbekannten Kunstliebhabers, der wissen will, ob der Name Ernst Kelle mir etwas sagt. Drei Tage später finde ich im Briefkasten das im Selbstverlag gedruckte Buch des Kunstfreunds, der Ernst Kelle dem Vergessen entreißen will, und beim Durchblättern des Bandes, beim Betrachten der farbig reproduzierten Gemälde stelle ich fest, dass immer wieder das Gesicht meiner Mutter auftaucht, und ein Verdacht drängt sich mir auf: Sollte Rut Buch, die Frau des Wetzlarer Bürgermeister, ein Verhältnis mit Ernst Kelle gehabt haben? Ganz und gar abwegig ist das nicht: Der in Hamburg ausgebombte Maler war nach Marburg übergesiedelt, wo mein Vater juristische Vorlesungen hielt. Auf einer Vernissage begegnete er meiner Mutter, damals, bevor eine Kopfoperation ihr Gesicht entstellte, eine schöne Frau, die Kelle zum Malen animierte und in die er sich verliebt haben könnte. Meine Mutter war eine Verehrerin seiner Kunst, die mir als Kind ständig vor Augen stand wie das in düsteres Blau getauchte Bild eines traumverlorenen Paars, das über dem Flügel im Wohnzimmer hing, eine Dauerleihgabe des Künstlers, der auch meinen Vater porträtiert hat. Das Geheimnis dieses und anderer Bilder kann ich nachträglich nicht entschlüsseln, aber beim Blättern in dem ihm gewidmeten Buch fällt mir auf, dass seine Frauengestalten etwas Ätherisches, ja Gespenstisches haben und wie Geister in der Luft schweben – Ektoplasma nennen die Spiritisten das!

Ich schreibe diese Zeilen unter den früher rußgeschwärzten, jetzt weiß getünchten Balken eines Fachwerkhauses an einem der letzten Tage des Jahres, das alte Jahr ist noch nicht zu Ende, das neue hat noch nicht begonnen, zwischen den Jahren, sagte man früher, eine Zwischenzeit, die schon den alten Ägyptern unheimlich war, Wildgänse ziehen durch die Nacht, Singschwäne landen auf den Feldern, deren Gesang ich nicht mehr höre, seit ich schwerhörig bin, Wotans wilde Jagd, von Richard Wagner vertont, und wie immer in der finsteren Jahreszeit denke ich nach über mich selbst, wer bin ich, woher komme ich, wohin gehe ich? Die letzte Frage ist rasch beantwortet, ich gehe ins Nichts und bin nicht nur mit dem großen Zeh, sondern bis zum Hals in den Fluss des Vergessens eingetaucht, Lethe, Styx oder wie die alten Griechen ihn nannten, das war's, aber soll das wirklich alles gewesen sein? Ich sitze vornübergebeugt am Schreibtisch, angestrahlt vom bläulichen Licht des Monitors, in den ich starre, ein matter Widerschein als Ersatz für das Lager- oder Kaminfeuer, um das man sich früher versammelte, Aladins Wunderlampe, wenn man so will, und denke nach über die Nutzlosigkeit der Literatur, die wie alles Geschriebene den Bach runtergeht, *down the drain*, wie es auf Englisch heißt. Ich möchte wissen, warum ich mich als kleiner Junge, mit drei oder vier, in eine alte Jungfer verliebt habe – und diese in mich –, der ich treu blieb bis an ihr Lebensende: Aenne und Alfred Mosler, Tanti und Onki als Mutter- und Vaterersatz. Die Antwort auf meine Frage steht in den Sternen, die sich hinter schnell ziehenden Wolken verbergen, Dämmerung senkte sich von oben, wie Goethe schreibt, aber noch ist es nicht so weit, noch ist Tag, eine Blaumeise huscht durchs Gesträuch, ein Buntspecht krallt sich von unten an einem Meisenknödel fest und pickt, hin und her schaukelnd, Fettkrümel aus dem Netz. Nur der Marderhund fehlt, der an einem lauen Sommerabend durch den Vorgarten trottete mit erhobenem Haupt, ein nicht polizeilich gemeldeter Untermieter, der auf dem Heuboden logiert und die Dämmplatten aus Styropor zernagt, was ich stillschweigend dulde, solange es nicht die Bremsschläuche meines PKW sind, und der jetzt, hoffe ich, Winterschlaf hält, in den auch ich mich verkriechen werde – erst kürzlich haben Genforscher die Winterschlaf-DNA auch beim Menschen entdeckt.

Vor mir liegt ein Leitzordner mit der Aufschrift »Persönliche Angelegenheiten« in Onkis gut lesbarer Schrift, an der man den gelernten Buchhalter erkennt. Obenauf Tantis Testament mit dem Zusatz »nach meinem Tode geschrieben«, darunter gekritzelt »Hauptfriedhof Koblenz, Heizung reinigen, vom Postscheck zahlen«, und auf der Rückseite in zittriger Schrift »Zinnkraut, Spitzwegerich, Schafgarbe, Ringelblume«. Der in meinen Besitz übergegangene Leitzordner – Tanti starb 1982, Onki schon 1966 – enthält, chronologisch geordnet, das Leben von Alfred Mosler, geboren 1891 in Sankt Sebastian, wohnhaft in Koblenz, Schenkendorfstraße 18, ab 1938 in der Helgebachstraße 32 in Wetzlar, staatlicher Lotterie-Einnehmer, Mitglied des Haus- und Grundbesitzervereins Koblenz, der NS-Volkswohlfahrt ab 1934, Träger des Ehrenkreuzes für Frontkämpfer, das ihm der Führer und Reichskanzler 1935 verlieh. Im September 1936 schreibt Onki an das Versorgungsamt Gießen: »Am 19. Juli 1918 wurde ich im Felde durch Granatsplitter (Kopfsteckschuss) schwer verwundet. Am 20. Juli 1918 im bayrischen Feldlazarett 22 erneut durch Fliegerbombe am rechten Oberarm und linke Hand verletzt. Das infolge erlittener Verwundungen mir zustehende Verwundetenabzeichen beantrage ich hiermit. Heil Hitler!« Genauere Auskunft darüber gibt die an den Rändern eingerissene und mehrfach geklebte Stammrolle des Sergeanten Alfred Mosler, geb. 2. 4. 1891 in St. Sebastian, Koblenz, Preußen, Drogist, ledig, Vater tot, Mutter Gertrud geb. Kuhn, am 16. 10. 1912 als Rekrut bei der Feldartillerie Regiment 83 eingetreten, Führung gut, Bestrafungen keine, Gefechte liegen nicht vor, Eisernes Kreuz 2. Klasse 23. 8. 17, am 19. 7. 18 durch Granatsplitter am Kopfe verwundet, 20. 7. 18 im bayr. Feldlazarett 22 verwundet durch Fliegerbomben, 24.–29. 7. auf Transport, 6. 8.–26. 9. Städt. Krankenhaus Biebrich, 27. 9. Transport, 28. 9.–3. 10. Reservelazarett Dresden, 15. 12. 18–3. 6. 19 in der Heil- und Pflegeanstalt Dresden, Hirnverletztenstation des XV. Armeekorps, am 4. 6. 19 als kriegsuntauglich entlassen, Belehrung hinsichtlich Vers. Ansprüche hat stattgefunden.

Weitergehende Auskünfte enthält ein auf rosa Löschpapier getippter Lebenslauf: »In meine Militärdienstzeit fiel der Ausbruch des Ersten Weltkriegs, den ich von Anfang an in vorderster Linie mitmachte. Am 18. August 1918 (recte 19. 7.) wurde ich durch Granatsplitter schwer verwundet (Schädel- und Hirnverletzung = 70 % Erwerbsminderung). Nach der Entlassung aus dem Lazarett wurde ich, da mein früherer Beruf nicht mehr infrage kam, in den Staatsdienst übernommen, die erforderliche Prüfung bestand ich mit Gut. Im Jahre 1936 wurde mir von der General-Direktion der Preuss.-Süddeutschen Klassenlotterie die durch Tod freigewordene Lotterie-Einnahme in Wetzlar übertragen.«

Die Kriegsverletzung brachte Vorteile mit sich, so zynisch das klingt: Im März 1943 nahm Alfred Mosler als Mitglied des Reichsluftschutzbunds an einem Lehrgang teil, und im März 1945 stellte der Wetzlarer Volkssturm ihn vom Dienst frei mit der Begründung: »Der umstehend genannte Volkssturmmann leidet an Folgen einer Gehirnverletzung, erhöhtem Blutdruck, chron. Magenkatarrh und ist dauernd dienstunfähig. Gez. Dr. Neeb, Batl.-Arzt.«

Aufs Dritte Reich folgte das Vierte, genannt Bundesrepublik, und Onki machte weiter, als sei nichts geschehen, klebte Wertmarken in Mitglieds- und Dienstausweise, an die Stelle der NS-Volkswohlfahrt trat der Lotterie-Einnehmer-Verband sowie der Bund der Hirnverletzten, der ihn als Kamerad Mosler ansprach, dessen Witwe Sterbehilfe zustand nach Ablauf seiner Lebensbescheinigung, Währungsreform, Wirtschaftswunder, Deutschland war wieder wer, statt schwarz zu schlachten und Leiermann genannten Rübensirup einzukochen, wurde bei Schade & Füllgrabe eingekauft, die Schafherde,

an der Onki Anteile besaß, wurde abgeschafft, Zeit-
schriftenabonnements und die Mitgliedschaft im Mu-
sikverein gekündigt, statt Lebensmittelmarken wurden
Rabattmarken geklebt, im Keller lagerte saurer Mosel-
wein und vor dem Haus parkte ein scheckheftgepflegter
Opel Rekord, während Adenauer Spätheimkehrer aus
Russland loseiste und mit dem Slogan *Keine Experimente*
1957 die Wahlen gewann.

SCHIFFE VERSENKEN

1

Am 9. April 1945, einen Monat vor der Kapitulation des
Großdeutschen Reichs und drei Wochen vor dem Selbstmord Adolf Hitlers im Bunker der Reichskanzlei, betrat
ein Sonderkommando der SS, bestehend aus KZ-Kommandant Max Koegel, dem Vorsitzenden des Stand-
gerichts Otto Thorbeck und SS-Ankläger Walter Huppenkothen, den Zellentrakt des Konzentrationslagers
Flossenbürg und befahl den zum Tode verurteilten
Hochverrätern Wilhelm Canaris, Dietrich Bonhoeffer,
Ludwig Gehre, Hans Oster und Karl Sack, sich nackt
auszuziehen. Es war fünf Uhr früh, und die Außen-
temperatur des im Oberpfälzer Wald errichteten KZ lag
bei null Grad. Canaris hatte schlecht geschlafen; am
Vorabend hatte der Gefängnispfarrer den Gründer der
bekennenden Kirche davon in Kenntnis gesetzt, dass er
im Morgengrauen zusammen mit den übrigen Insassen
des Zellentrakts hingerichtet würde, eine Nachricht, die
Bonhoeffer durch Klopfzeichen an seine Mithäftlinge
weitergab. Auf eigenen Wunsch verzichtete Canaris auf
geistlichen Beistand, doch auch ohne die Hiobsbotschaft
hätte er in dieser Nacht keine Ruhe gefunden. Seit das
SS-Standgericht ihn wegen angeblicher Renitenz – Canaris weigerte sich, seine Verwicklung in Attentatspläne
zu gestehen – auf halbe Ration gesetzt und zum Schrubben der Latrine verurteilt hatte, konnte er vor Hunger

und Kälte nicht mehr schlafen. Trotzdem gelang es ihm, seinem Zellennachbarn, dem dänischen Geheimdienstoffizier Hans Lunding, mit Klopfzeichen folgende Nachricht zu übermitteln: »Bei letzter Vernehmung Nase gebrochen. Meine Zeit ist um. War kein Landesverräter. Habe als Deutscher meine Pflicht getan. Sollten Sie weiterleben, grüßen Sie meine Frau.«

Am 23. Juli 1944, drei Tage nach dem gescheiterten Anschlag auf Hitler, war Canaris festgenommen und im Keller des Reichssicherheitshauptamts in der Prinz-Albrecht-Straße verhört worden, weil sein Name von Planern und Mitwissern des Staatsstreichs mehrfach genannt worden war. Doch die Entmachtung des vorher allmächtigen Abwehrchefs hatte schon früher begonnen, als Hitler, verärgert über das Verschwinden des Ehepaars Vermehren, das in Istanbul zum Feind überlief, den militärischen Abwehrdienst dem Reichsführer SS zuordnete, dessen Machtfülle dadurch noch weiterwuchs. Zusammen mit seinen Dackeln Kasper und Sabine verfügte Canaris sich nach Burg Lauenstein, einer Außenstelle seines Amts mit Forschungseinrichtungen und Labors, wo er respektvoll empfangen wurde, *de facto* aber unter Hausarrest stand; Frau und Tochter hatte er am Ammersee in Sicherheit gebracht. Ein Aktenfund in Maybach II, dem Sperrbezirk der Abwehr in Zossen, belastete seine Glaubwürdigkeit, obwohl die dort lagernden Papiere sich auf Umsturzpläne der Jahre 1938 bis 1940 bezogen, von denen Canaris Kenntnis gehabt hatte, und seine Tagebücher unauffindbar blieben, von denen die Vernehmer sich genaueren Aufschluss erhofften. Anfang April 1945 wurden in einem vorher übersehenen Tresor, wiederum im Sperrbezirk Zossen, fünf in Kaliko gebundene Hefte entdeckt, die Kaltenbrunner, mit Randbemerkungen versehen, Hitler vorlegte, der die sofortige Vernichtung der Verschwörer befahl. Bei der Gegenüberstellung mit seinem früheren Mitarbeiter Hans Oster, der alles gestand, leugnete Canaris jede Verwicklung in Anschlagspläne mit dem Hinweis, die ihm zugetragenen Gerüchte habe er nicht geglaubt. Die Zusatzfrage, ob Oster ihn zu Unrecht belaste, beantwortete er militärisch knapp mit *nein*. Der SS-Richter wertete das als Schuldgeständnis und verurteilte ihn zum Tod durch den Strang.

Wilhelm Canaris bestieg als Erster das neben dem Zellentrakt errichtete Podest und starb vor den Augen seiner vor Kälte zitternden Mitgefangenen, die das gleiche Schicksal erwartete, während Dietrich Bonhoeffer trotz des Verbots niederkniete und laut zu beten begann. SS-Standartenführer Huppenkothen behauptete später, Canaris sei sofort tot gewesen, doch das stimmt so nicht, wie ein Angehöriger der Wachmannschaft bezeugt: Der »kleine Admiral« habe heftig gestrampelt und sei erst gestorben, als zwei starke Männer sich an seine Beine geklammert hätten. Hinterher habe man seine nackte Leiche auf einen Scheiterhaufen geworfen, für den KZ-Häftlinge am Vortag Holz gesammelt hatten, und die Asche im Wald verstreut.

Ein Gericht der Bundesrepublik sprach die an dem Terrorurteil beteiligten SS-Offiziere aus Mangel an Beweisen frei, obwohl das Schnellverfahren, ohne Beweisaufnahme und ohne Verteidigung, jeder Justiz Hohn sprach und das Standgericht, auch nach damaliger Auffassung, für die Angeklagten nicht zuständig war, da keiner von ihnen der SS angehört hatte.

2

Wer war Wilhelm Canaris? Auf das kollektive Gedächtnis ist noch weniger Verlass als auf die individuelle Erinnerung. Was in den Netzen der Geschichtsschreiber hängen bleibt, sind Namen, Daten und Fakten, die den Vorteil haben, leicht nachprüfbar zu sein, wie die folgende, dem Internet entnommene Liste zeigt: Kapitänleutnant (Kaiserliche Marine) / Konteradmiral (Reichsmarine) / Admiral (Kriegsmarine) / Militärperson (Abwehr) / Agent (Nachrichtendienst) / U-Boot-Kommandant (Kaiserliche Marine) / Linienschiff-Kommandant (Reichsmarine) / Träger des Königlich-Preußischen Kronenordens 4. Klasse / Träger des Österreichischen Militärverdienstkreuzes 3. Klasse / Träger des Deutschen Kreuzes in Silber / Träger des Eisernen Halbmondes / Träger des Finnischen Freiheitskreuzes / Freikorps-Mitglied / Hingerichtete Person (NS-Opfer) / Deutscher / Mann.

Was in der Auflistung fehlt, ist die erste Auszeichnung, die Venezuelas Präsident dem frischgebackenen Leutnant zur See im Februar 1909 an die Brust heftete. Kurz zuvor hatte er seinen Amtsvorgänger, den Diktator Cipriano Castro, der zur medizinischen Behandlung nach Berlin gereist war, in einem Staatsstreich gestürzt, und es ist anzunehmen, dass die Verleihung des Ordens *Condecoración de la quinta clase del Busto del Libertador* mehr war als eine bloße Formalität: Vermutlich war Wilhelm Canaris, der fließend Spanisch sprach, in die Verschwörung eingeweiht und hatte bei dem Umsturz die Hand im Spiel. Und es war kein Zufall, dass die *SMS Bremen* während des Staatsstreichs vor der Küste von Venezuela kreuzte, passend zur kaiserlich-deutschen Kanonenbootpolitik. Vier Jahre später, auf dem Höhepunkt der mexikanischen Revolution, nahm das Nachfolgeschiff der *Bremen*, der Kreuzer *Dresden*, Mexikos gestürzten Präsidenten Huerta an Bord, nachdem Canaris im Hafen von Veracruz die Evakuierung der Ausländer ausgehandelt hatte. Von Kap Hatteras bis Kap Hoorn umschiffte er Nord- und Südamerika, nahm an der Dreihundertjahrfeier der Gründung New Yorks teil und zog sich beim Herbstmanöver in der Nordsee ein Lungenleiden zu, das ihn vorübergehend aus dem Rennen warf. Doch das war nichts im Vergleich zu den Prüfungen, die der Erste Weltkrieg Matrosen und Offizieren der *Dresden* auferlegte.

3

Ende 1911 trat der zum Oberleutnant beförderte Canaris seinen Dienst auf der *Dresden* an, die kurz zuvor den vom Kaiser ausgelobten Preis beim Schießwettbewerb für kleine Kreuzer gewonnen hatte. Das verfrüht vom Stapel gelaufene Schiff musste einen Zwangsstopp in Gibraltar einlegen, um einen Turbinenschaden zu beheben, und erreichte mit letzter Kraft die Reede von Istanbul, nachdem es manövrierunfähig in den Minenfeldern der Dardanellen gedümpelt hatte. Bei Empfängen auf Flaggschiffen der im Bosporus ankernden Flotte lernte Canaris die Intrigen der internationalen Politik kennen und erfuhr aus erster Hand von den Problemen beim Bau der von Deutschland finanzierten Bagdadbahn, deren Direktor an Bord der *Dresden* kam. Er besichtigte die Großbaustelle an der Kilikischen Pforte und wohnte dem Durchstich durchs Taurus-Gebirge bei, bevor die *Dresden* über Malta nach Kiel zurückdampfte. Die Kriegsgefahr war fürs Erste gebannt; ein in London ausgehandelter Kompromiss hatte die Lage entspannt, doch es war nur eine Frage der Zeit, bis die Krise erneut hochkochen würde.

4

Auf Wunsch der Gattin des Generals Huerta spielte die Bordkapelle die mexikanische Nationalhymne, als der vom Volk gestürzte Präsident in Kingston die *Dresden* verließ. Zum Abschied schenkte er Canaris seinen Revolver, einen 45er Colt, der einst Mexikos Nationalheld Benito Juárez gehört hatte, und gab ihm den Rat, die letzte Kugel für sich selbst aufzusparen, weil man nie wisse, was für Überraschungen das Schicksal bereithielt. Es war der 24. Juli 1914, und Canaris dachte darüber nach, ob der in den Elfenbeingriff gravierte Slogan *Viva la muerte!* ein gutes oder ein böses Omen sei, als ein die amerikanische Funkstation Sayville abhörender Telegraphist ihm mitteilte, dass Österreichs Thronfolger in Sarajevo getötet worden sei und Wien ein Ultimatum an Belgrad gestellt habe. Die *Dresden* war auf dem Weg nach Port-au-Prince, wo Fregattenkapitän Lüdecke das Kommando übernahm, als am 31. Juli der Befehl eintraf: »Nicht heimkehren – Kreuzerkrieg führen gemäß Mobilmachungsbestimmung!«

Schon vorher hatte Canaris in den Hafenstädten Mittel- und Südamerikas mithilfe deutscher Kaufleute und Konsuln ein Agentennetz aufgebaut, das über die Funkleitstelle Nauen die im Atlantik operierenden Schiffe mit kodierten Informationen versah. Jetzt aber öffnete er unter Aufsicht des Kapitäns und des Ersten Offiziers einen hinter einer Weltkarte verborgenen Safe und verlas vor versammelter Mannschaft den geheimen Einsatzbefehl, demzufolge der Kreuzer feindliche Handelsschiffe jagen und, sofern diese sich der Durchsuchung widersetzten, versenken sollte. Die Probe aufs Exempel kam am 6. August, als die *Dresden* vor der Amazonasmündung den britischen Frachter *Drumcliffe* aufbrachte. Der als Dolmetscher entsandte Canaris glaubte der eidesstattlichen Versicherung des Kapitäns, vom Kriegsausbruch nichts gewusst zu haben und noch vor der Mobilmachung ausgelaufen zu sein. Er verabschiedete sich mit Handschlag unter Hinweis auf das Haager Protokoll von 1907, das es verbot, in Unkenntnis der Kriegslage operierende Schiffe zu versenken. Beim nächsten Mal, fügte er hinzu, gelte die *Drumcliffe* als Feind und werde ohne Vorwarnung attackiert.

Das Wetter war schlecht, die Kohlevorräte wurden knapp, und der Versuch, auf der Brasilien vorgelagerten Insel Rocas Brennstoff zu bunkern, war schwieriger als gedacht. Dem Geheimbefehl entsprechend tarnte sich die *Dresden* als Lloyddampfer *Sierra Salvada*, doch der Kapitän des in einer Bucht ankernden Dampfers *Corrientes* hatte noch nie von einem Schiff dieses Namens gehört, unter dem Telegraphiemeister Heil ihn anfunkte und um Ergänzung der Kohlevorräte bat. Dem Frieden misstrauend glaubte er an eine Kriegslist der Engländer, um die *Corrientes* zu versenken. Erst als der Erste Offizier, Julius Fetzer, der zuvor auf der *Dresden* gedient hatte, eine Liste von Fragen funkte, die Heil richtig beantwortete, nahm die *Corrientes* Kurs auf die *Dresden*, aber die See war so rau, dass die Schiffe um ein Haar kollidierten. Stahltrossen und Taue rissen entzwei, die Verschanzungen platzten ab, ein Schiffsjunge fiel über Bord, und Kapitän Lüdecke ließ das riskante Manöver abblasen, nachdem er statt der benötigten tausend nur fünfhundert Tonnen Kohle gebunkert hatte. Der Rest wurde auf Beiboote verladen und durch schwere See von einem Schiff zum anderen gerudert. Julius Fetzer, der Bootsmannsmaat der *Corrientes*, blieb auf Wunsch von Kapitän Lüdecke an Bord, um die *Dresden* durch die Magellan-Straße zu lotsen, deren Fjorde und Buchten er in- und auswendig kannte.

Mit seinem Begleitschiff nahm der Kreuzer Kurs aufs offene Meer, um nach feindlichen Frachtern zu suchen, doch die Engländer hatten von ihren Verfolgern Wind bekommen und den Seeweg durch den Südatlantik weiter nach Osten verlegt. Erst Mitte August sichtete Kapitän Lüdecke die Rauchsäule eines britischen Handelsschiffs, das beim Anblick der Reichskriegsflagge zu fliehen versuchte, aber von der *Dresden* eingeholt und gestoppt werden konnte. Die Besatzung des Frachters wurde auf dem Dampfer *Corrientes* interniert und die

Hyades – so hieß das britische Schiff – mit einem Voll-treffer versenkt. »Wir haben in New York Foxtrott und in Buenos Aires Tango getanzt«, sagte Kapitän Lüdecke zu Canaris und reichte ihm das Fernglas, durch das er den Schiffsuntergang beobachtete. »Die Freuden der Vorkriegszeit haben wir voll ausgekostet, doch jetzt holt der Ernst des Lebens uns ein. Also ran an den Feind! Ein Streichen der Flagge gibt es nicht. Entweder wir siegen, oder wir fahren gemeinsam zur Hölle: Hades oder Hyades – der Gleichklang der Wörter kommt nicht von ungefähr!«

Canaris schwieg, aber der Anblick des tödlich getroffe-nen Frachters, der sich wie ein waidwunder Wal um die eigene Achse drehte, bevor er in zwei Teile zerbrach und in einem Meereswirbel versank, prägte sich unauslösch-lich seinem Gedächtnis ein. Zum Schluss zeugte nur noch ein Ölfleck, auf dem Bretter trieben, von dem mit Tropenholz beladenen Schiff.

Wilhelm Canaris war siebenundzwanzig, dunkelhaarig, mittelgroß, eher zurückhaltend als draufgängerisch oder forsch und bei Vorgesetzten wie Kameraden beliebt, weil er aufmerksam zuhörte, pflichttreu und zuverlässig war, Befehle genau befolgte und jede ihm übertragene Aufgabe gewissenhaft erledigte. Den Treueeid auf den Kaiser hatte er nicht nur *pro forma* geschworen, den Ein-tritt in die Marine und die Ausbildung zum Berufsoffi-zier nicht bloß halbherzig, sondern aus Überzeugung vollzogen, nachdem sein Vater, Wirtschaftsfachmann und eingefleischter Zivilist, in jungen Jahren verstorben war. Schon als Schüler hatte Canaris sich bei Waffenübungen im Gelände, beim Kartenlesen und Biwakieren hervorgetan und die Abkommandierung zur Infanterie mit derselben Bravour absolviert wie die Ausbildung zum Artillerieoffizier. Canaris beherrschte fünf Sprachen und war kein engstirniger Nationalist, der nicht über den Tellerrand blickt: Er bewegte sich selbstsicher auf dem Glatteis der Diplomatie und beeindruckte Freund und Feind, Männer wie Frauen durch Sprachgewandtheit und korrekte Umgangsformen, Takt und Diskretion.

5

Zwei Wochen später versenkte die *Dresden* erneut ein britisches Handelsschiff, und die Royal Navy setzte die *Monmouth*, die *Otranto* und die *Good Hope* in Marsch, um den Deutschen das Handwerk zu legen. Der Admiralsstab befahl der *Dresden*, sich zusammen mit der *Leipzig* durch das Gewirr von Fjorden und Kanälen nach Chile durchzuschlagen, um der britischen Flotte zu entkommen, die am Eingang zur Magellan-Straße patrouillierte. Das waghalsige Manöver gelang, und in einer geschützten Bucht der Insel Hoste, am Falschen Kap Hoorn, ließ Kapitän Lüdecke, unentdeckt vom Feind, der ihm gefährlich nahe kam, die Schäden an seinem Schiff reparieren, so weit es technisch machbar war. Der Kontakt zur Funkstation Sayville war unterbrochen, aber in Punta Arenas überreichte Canaris ihm ein als geheime Kommandosache chiffriertes Telegramm, demzufolge das Asiengeschwader des Vizeadmirals von Spee auf dem Weg nach Chile sei; ein Treffen mit den seit Kriegsbeginn verschwundenen Panzerschiffen *Scharnhorst* und *Gneisenau* stehe kurz bevor. Der guten Nachricht folgte die schlechte auf dem Fuß: Ein britisches Kreuzergeschwader, angeführt vom Flaggschiff *Good Hope* mit Admiral Cradock an Bord, hatte die Magellan-Straße durchquert und lief in chilenische Gewässer ein.

Am 11. September erreichte die *Dresden* die Osterinsel, wo das Ostasiengeschwader des Reichsgrafen von Spee sie erwartete; zwölf Schiffe der kaiserlichen Marine mit zweitausendfünfhundert Mann an Bord gaben sich an der zu Chile gehörigen Insel ein Stelldichein. Die Wiedersehensfreude wurde getrübt durch die Meldung, die Briten hätten in Valparaiso Kohlen gebunkert und hörten den Funkverkehr der Deutschen ab. Am 1. November kam es zum Showdown auf der Reede von Coronel, südlich von Valparaiso. Die Panzerkreuzer beider Seiten gingen in Gefechtsposition und schossen im Fünfzehn-Sekunden-Rhythmus eine Salve nach der anderen ab. Während das britische Artilleriefeuer die deutschen Verbände kaum gefährdete, versank die *Good Hope*, von einem Torpedo getroffen, in der aufgewühlten See und riss neunhundert Mann, unter ihnen Admiral Cradock, in den Tod. Hoher Wellengang erschwerte die Rettungsversuche, und für die im Humboldtstrom treibenden Matrosen kam jede Hilfe zu spät. Auch der Panzerkreuzer *Monmouth* wurde durch Artillerieeinschläge beschädigt und sank – nur die *Glasgow* und der Hilfskreuzer *Otranto* entschlüpften ihren Verfolgern im Schutz der Dunkelheit. Tausendsiebenhundert englische Matrosen kamen ums Leben, während es auf deutscher Seite nur ein paar Leichtverletzte gab. Die Panzerschiffe *Scharn-*

horst und *Gneisenau* hatten lediglich Schrammen abge-
kriegt, und die kleineren Kreuzer gingen unbeschädigt
aus dem Gefecht hervor. Dies war die erste Seeschlacht,
die Wilhelm Canaris erlebte, und die schwerste Nieder-
lage der Royal Navy seit Admiral Nelsons Tod, aber kein
Grund, sich auf den Lorbeeren des Sieges auszuruhen:
»Sicher ein schöner Erfolg«, schrieb Canaris an seine
Mutter in Dortmund, »der uns Luft zum Atmen verschafft. Aber wer die Engländer kennt, kennt ihren Wi-
derstandswillen, ihre Zähigkeit und ihre Rachsucht aus
verletztem Stolz.« Wie prophetisch seine Worte waren,
ahnte er nicht.

6

»England hat eine Schlacht verloren, aber es wird den
Krieg gewinnen«, sagte Marineminister Winston Chur-
chill zu Vizeadmiral Sturdee, dem neu ernannten Chef
der Altantik- und Pazifikflotte: »Dafür sind Sie mir persönlich verantwortlich!« Unter dem Eindruck der Nie-
derlage setzte Sturdee noch am selben Tag die schweren
Schlachtschiffe *Invincible* und *Inflexible* in Marsch, gefolgt von den Zerstörern *Carnarvon*, *Kent* und *Cornwall*,
die am 7. Dezember Port Stanley erreichten, den Hafen
der Falkland-Inseln. Auch das Asiengeschwader von
Graf Spee nahm Kurs auf die Falklands, nachdem Offiziere und Besatzungen sich im Deutschen Club von Valparaiso als Sieger im Seekrieg hatten feiern lassen. Doch
der Jubel war verfrüht, und am Ende der Ballnacht, als
bayrisches Bier ihm die Zunge lockerte, warnte Kapitän
Lüdecke den Grafen von Spee, sein Plan, Port Stanley

anzulaufen, um die Funkstation zu sprengen, das Kohledepot einzuäschern und den britischen Gouverneur zu verhaften, sei nicht durchführbar, denn die Engländer hätten die Hafeneinfahrt vermint. »Ich verbitte mir und verbiete jegliche Insubordination«, sagte der Geschwaderchef in schnarrendem Offizierston. »In Anbetracht der besonderen Umstände lasse ich Gnade vor Recht ergehen und wette mit Ihnen, dass die Reichskriegsflagge in Kürze über Port Stanley weht. Topp, die Wette gilt!«

Am 8. Dezember um sieben Uhr früh sichtete die Vorhut des Asiengeschwaders zwei schwere Schlachtschiffe, die, von britischen Zerstörern bewacht, in Port Stanley ankerten. Die Sicht war klar und jeder Versuch, der Übermacht zu entkommen, von vornherein aussichtslos. Der deutsche Flottenverband war dem Feind in die Falle gegangen. Um eins schlug die erste Granate auf der *Leipzig* ein, um halb fünf sank der Panzerkreuzer *Scharnhorst* mit dem Admiralstab und 795 Mann Besatzung an Bord, eine Stunde später die *Gneisenau*. Sechs Schiffe mit 2200 Matrosen und Soldaten, unter ihnen Reichsgraf von Spee, wurden in den Grund gebohrt, nur 187 Überlebende aus dem Wasser gefischt. Einzig die *Dresden* schlug den Verfolgern ein Schnippchen und entkam im Schutz der Nacht nach Kap Hoorn.

7

Auf der Südhalbkugel war Sommer, das Wetter gut, und mit schwindenden Kohlevorräten umschiffte die *Dresden* die Südspitze des Kontinents und erreichte die Westküste Feuerlands. Der Kreuzer war beschädigt, die Mannschaft zu Tode erschöpft, und ein chilenischer Offizier kam an Bord und überbrachte die Nachricht, die *Dresden* müsse das neutrale Seegebiet binnen zwölf Stunden verlassen. Auf Bitten von Canaris, der einmal mehr sein diplomatisches Geschick bewies, gestand der Offizier ihm vierundzwanzig Stunden zu. Die Prozedur wiederholte sich in Punta Arenas, wo die Behörden achtundvierzig Stunden zur Reparatur der Schäden bewilligten, aber aus Angst, die Briten könnten Wind bekommen von ihrer Anwesenheit, verließ Lüdecke den Hafen und ging in der Hewett Bay vor Anker. Statt Kohlen zu bunkern, ließ er Bäume fällen und Fische fangen und einsalzen zur Ergänzung der Vorräte; die ramponierten Decksaufbauten wurden, so gut es ging, repariert.

Hier ist nicht der Ort, das Versteckspiel der *Dresden* mit ihren Verfolgern, der *Carnarvon*, *Bristol* und *Glasgow*, detailliert nachzuvollziehen. Im Gewirr der Meeresarme, Kanäle und Fjorde entwischte der Kreuzer immer wieder der feindlichen Übermacht. Doch der Krug geht so lange zum Brunnen, bis er bricht. Am Morgen des 8. März war der Nebel so dicht, dass man keine Handbreit vor Augen sah. Der Kapitän war ratlos, weil sich kein fester Punkt anpeilen ließ. Nur das Krächzen von Seevögeln deutete auf die Nähe einer Insel hin. Als der Nebel sich lichtete, lag die *Dresden* in Sichtweite des Panzerschiffs *Kent*, das sie mit seiner überlegenen Feuerkraft in den Grund hätte bohren können. Trotz knapper Kohlevorräte entging der Kreuzer noch einmal seinen Verfolgern, die ihn, vom Gegenlicht geblendet, aus den Augen verloren, weil

nicht nur die *Dresden*, sondern auch die *Kent* unter Kohle-
mangel litt.

8

Am 9. März ankerte die *Dresden* in der Cumberland Bay
der Insel Más a Tierra, deren Anblick Canaris an Böck-
lins Gemälde *Die Toteninsel* erinnerte. Schwarze Basaltfelsen umschlossen eine sichelförmige Bucht mit wind-
zerzausten Bäumen, in deren Schatten sich bunt
bemalte Holzhäuser duckten. Etwa dreihundert Langus-
tenfischer lebten hier unter Aufsicht eines Hafenkapi-
täns, der in diesem Augenblick ein Küstenwachboot bestieg und Kurs auf die *Dresden* nahm. »Ich sehe weder
Palmen noch Fußabdrücke im nassen Sand«, sagte Lüdecke und reichte Canaris den Feldstecher, an dessen
Sehschärfe er vergeblich drehte, um die Insel näher in
Augenschein zu nehmen. »Schwer zu glauben, dass Robinson Crusoe hier gestrandet sein soll!«

»Er hieß nicht Robinson, sondern Selkirk«, sagte Canaris, »und er wurde nicht hier, sondern auf der Nachbar-
insel Más Afuera ausgesetzt, weil er seinem Käpt'n
widersprach.«

»Was Sie nicht sagen!« Lüdecke strich seine Uniform-
jacke glatt und prüfte den vorschriftsmäßigen Sitz seiner Dienstmütze, während der Hafenkapitän über ein
Fallreep an Bord kam und, von Matrosen eskortiert,
militärisch korrekt grüßte. Canaris machte die Männer
miteinander bekannt, und Lüdecke, der außer »adiós

muchachos« kein Wort Spanisch sprach, bat ihn, die Verhandlung zu führen, und empfahl sich unter Hinweis auf ein Funktelegramm aus Berlin. »Stehen Sie bequem«, wisperte er Canaris im Weggehen zu, »und flößen Sie ihm Alkohol ein«, doch der Chilene gab seine steife Haltung nicht auf und wiederholte die Order seiner Regierung, die Cumberland Bay nach Ablauf von zwölf Stunden zu verlassen; der Landgang in San Juan Bautista – so hieß das Fischerdorf – war der Besatzung des Kreuzers nicht erlaubt. Kurz darauf tauchte Kapitän Lüdecke aus der Versenkung auf und schwenkte freudestrahlend ein Telegramm, das er Canaris zu übersetzen bat: »S. M. der Kaiser stellt Ihnen frei, aufzulegen.« Nicht der Admiralsstab – Wilhelm II. persönlich gab dem Schlachtschiff grünes Licht, sich unter den Schutz des neutralen Chile zu stellen. Der Hafenkapitän ging von Bord, um das Marineministerium zu informieren, aber als das Lotsenboot am Landungssteg festmachte, lief der Zerstörer *Glasgow* in die Cumberland Bay ein und das Schlachtschiff *Kent* blockierte die Einfahrt in die Bucht. Der Hafenkapitän nahm Kurs auf die *Glasgow*, um den Engländern klarzumachen, dass sie Chiles Neutralität verletzten, während Lüdecke die Besatzung ausschiffen ließ und eine weiße Fahne hisste zum Zeichen, dass die *Dresden* auf Gegenwehr verzichten und sich kampflos ergeben werde. Trotz der Flaggensignale eröffnete der Feind das Feuer, aus dem Achterschiff loderten Flammen, Sterbende und Schwerverletzte wälzten sich an Deck, und um einer Explosion zuvorzukommen, ließ Lüdecke die Munitionskammern fluten. Er hatte beschlossen, das Schiff selbst zu versenken – es gab keinen anderen Ausweg –, und schickte seinen Adjutanten Canaris als Unterhändler zur *Glasgow*, um Zeit zu gewinnen und die nötigen Vorbereitungen zu treffen. Unter heftigem Beschuss – Salve um Salve schlug auf und neben der *Dresden* ein – ging die Barkasse längsseits, und Canaris protestierte gegen die Verletzung der Neutralität mit dem Hinweis, der Kreuzer und seine Besatzung hätten sich unter den Schutz der chilenischen Regierung gestellt. John Luce, der Kapitän der *Glasgow*, berief sich auf seinen Befehl, die *Dresden* zu versenken, den nur die bedingungslose Kapitulation außer Kraft setze, und wollte wissen, was die unter der Kriegsflagge gehisste weiße Fahne bedeute. »Verhandlungsbereitschaft«, sagte Canaris, und Luce konterte mit dem Satz, London habe Santiago darüber informiert, dass Chiles Neutralität unter Umständen verletzt werden müsse. Damit war die Unterredung beendet.

9

Der Kapitän ging als Letzter von Bord. Die Ventile waren geöffnet, die Zünder der Patronen angeschlagen, und das Sprengkommando entfernte sich mit raschen Ruderschlägen von dem zum Pulverfass gewordenen Schiff, als Lüdecke in ein von Canaris gerudertes Schlauchboot stieg. In diesem Augenblick erschien ein Maschinist, mit dem keiner mehr gerechnet hatte, an Deck und sprang kopfüber ins Meer. Das Schlauchboot machte kehrt, um den Mann aus dem Wasser zu ziehen, und die Briten nahmen den unterbrochenen Beschuss wieder auf. Canaris ließ nichts unversucht, um aus der Gefahrenzone zu gelangen, doch bevor er einen sicheren Abstand zwischen sich und die *Dresden* legen konnte, wurde der Kreuzer von einer Serie von Detonationen erschüttert.

Das Schlachtschiff bäumte sich auf wie ein Pferd, das seinem Reiter unter dem Sattel weggeschossen wird, und zerbrach in zwei Teile, bevor es in einem Strudel versank. Eine aus der Tiefe hochquellende Blase, die sich bunt schillernd dehnte, ehe sie an der Oberfläche zerplatzte, war das letzte Lebenszeichen der *Dresden*.

»Ich fürchte, das war's«, sagte Kapitän Lüdecke. »Mit etwas mehr Glück hätten wir noch einen oder zwei Frachter außer Gefecht gesetzt. Aber es hat nicht sollen sein!« Er tupfte sich Tränen aus den Augenwinkeln, und Canaris drückte ihm stumm die Hand.

10

»Es lebe der Kaiser – hurra!«, rief die am Strand aufmarschierte Besatzung, als Lüdecke und Canaris dem Boot entstiegen, gefolgt von dem triefnassen, vor Kälte zitternden Maschinisten. Die *Glasgow* beantwortete das Jubelgeschrei mit einer Breitseite ihrer Bordkanonen, wobei nicht klar war, ob sie Respekt vor dem Gegner oder die Fortsetzung der Kampfhandlungen bekunden wollte. Die Kugeln rissen tiefe Löcher in die Basaltfelsen am Ende der Bucht, neben dem Friedhof, auf dem die Gefallenen beigesetzt wurden: Acht Tote, fünfzehn Schwer- und vierzehn Leichtverletzte waren zu beklagen, die von Fischersfrauen in Obhut genommen und gesund gepflegt wurden, obwohl Chiles Regierung auf strikter

Neutralität beharrt hatte und die Fraternisierung verbot. Aber Santiago war weit weg, und der Hafenkapitän drückte ein Auge zu. »Es geht uns nicht schlecht«, sagte Lüdecke zu Canaris. »Anders als Robinson Crusoe bekommen wir jeden Tag Hummer zu essen. Aber den Briten sind wir ein Dorn im Auge« – er zeigte auf die graue Silhouette des Schlachtschiffs *Kent* am Ausgang der Bucht. »Sie ärgern sich grün und blau, dass wir frei herumlaufen, und würden uns lieber heute als morgen in Gewahrsam nehmen!«

»Gestatten Sie, dass ich widerspreche«, sagte Canaris. »Nicht Robinson Crusoe, Alexander Selkirk war hier, und Hummer gibt es nur in nördlichen Breiten. Was man uns vorsetzt, sind Langusten!«

Lüdecke wurde abwechselnd rot und blass. Er fasste sich an den Hals, öffnete den obersten Kragenknopf und sank ohnmächtig nieder. Nicht die beiläufige Bemerkung seines Adjutanten löste den Schwächeanfall aus – der Schock kam zeitversetzt wie nach einem Autounfall: Erst jetzt wurde ihm die Tragweite des Geschehens klar und er begriff, an welch seidenem Faden sein Leben gehangen hatte. Fortan war Lüdecke ein Kapitän ohne Schiff.

Chiles Marineminister setzte zwei Frachter in Marsch, um die Überlebenden der *Dresden* nach Valparaiso zu befördern und dort auf einem Dampfer des Norddeutschen Lloyd einzuquartieren. Das Foreign Office in London protestierte gegen die Verletzung der Neutralität, die Regierung in Santiago lenkte ein und entschied, die

Besatzung auf der Insel Quiriquina zu internieren, nördlich von Coronel, wo das Kaiserreich einen Seesieg errungen hatte. Am 24. März, zehn Tage nach der Versenkung der *Dresden*, verließen die letzten Überlebenden Más a Tierra; den Matrosen standen Tränen in den Augen beim Gedanken an armdicke Langusten und glutäugige Frauen und Mädchen, die sie – anders als im Robinson-Roman – gastfreundlich aufnahmen. Der Maschinist, der in letzter Sekunde über Bord gesprungen war, verblieb auf eigenen Wunsch auf der Insel, heiratete eine Chilenin und setzte zahlreiche Nachkommen in die Welt.

Vom Flugzeug aus ist das Wrack der *Dresden* noch heute gut zu erkennen. Es liegt in nur sechzig Metern Tiefe auf dem Grund der Cumberland Bay und hat in über hundert Jahren kaum Rost angesetzt – eine Attraktion für Hobbytaucher, die sich hier im Winter, wenn auf der Südhalbkugel Sommer ist und das Meer sich erwärmt, ein Stelldichein geben mit Seelöwen und Delphinen. Jedes Jahr am 14. März wird ein Kranz zu Wasser gelassen, und Anwohner schmücken die Einschusslöcher in den Felsen und die Gräber der Gefallenen mit Blumenkränzen.

11

Es war, als hätten Lüdecke und Canaris die Rollen getauscht: Der Kapitän hatte seinen Schwächezustand überwunden und leitete mit gewohnter Umsicht und Energie die Einquartierung der Besatzung auf der Insel

Quiriquina, wo die Männer sich frei bewegen durften unter Aufsicht chilenischer Militärs. Einmal im Monat kam ein Kurier der Botschaft, nahm Briefe in Empfang und überbrachte Post aus der Heimat, und mithilfe auf dem Festland lebender Deutscher, die Saatgut und Geld spendeten, entstand auf Quiriquina eine Musterfarm mit Maisfeldern und Geflügelzucht. Canaris aber versank in eine tiefe Depression: Nicht die Gartenarbeit, die der Schiffsarzt ihm verordnete, die erzwungene Untätigkeit machte ihm zu schaffen. Er schmiedete Fluchtpläne, von denen er nichts verlauten ließ gegenüber seinen Kameraden, denn bisher waren alle Fluchtversuche verraten und im Keim erstickt worden.

»Tun Sie, was Sie nicht lassen können«, sagte Kapitän Lüdecke. »Ich wasche meine Hände in Unschuld und weiß von nichts. Hier sind fünfzig Pesos – dafür bringt ein Küstenfischer Sie hinüber zum Festland. Anschließend sind Sie auf sich gestellt. Bedenken Sie Ihre geschwächte Gesundheit – Sie haben Malaria. Passen Sie auf sich auf!«

Anfang August verließ Canaris bei Nacht und Nebel Quiriquina und traf Ende September wohlbehalten in Amsterdam ein – die Niederlande waren damals neutral. Eine Aktennotiz des Admiralstabs bestätigt seine Ankunft in Berlin: »Oberleutnant Canaris von S.M.S. *Dresden* meldet sich zurück. Er ist am 4. August 1915 von der Insel Quiriquina mit Wissen des Kommandanten und des Gesandten entwichen, als Landmann gekleidet nach Osorno, von hier zu Pferd über die Kordilleren bis nach Neuquén, von dort mit der Bahn nach Buenos Aires. Ankunft daselbst am 21. August. Beim Attaché gemeldet, mit falschem Pass an Bord des holländischen Dampfers *Frisia* über Montevideo, Santos, Rio, Bahia, Pernambuco, Lissabon, Vigo, Falmouth, Pile, Amsterdam. Am 30. September heimgekehrt.«

Der nüchterne Aktenvermerk wirft mehr Fragen auf, als er beantwortet. Canaris muss heimliche Helfer gehabt haben: Wie sonst hätte er es geschafft, unter dem Namen Reed Rosas, Witwer aus Chile, der in Rotterdam eine Erbschaft antreten sollte, ohne Geld nach Europa zu gelangen und unterwegs in englischen Häfen Station zu machen? Die abenteuerliche Odyssee, eine Reise um die Welt in acht Wochen, trug mehr zur Legendenbildung bei als der Untergang der *Dresden*, und wie stets hat Canaris mit verdeckten Karten gespielt.

12

Nein, er war kein Held des Widerstands wie Graf Stauffenberg oder Yorck von Wartenburg, kein Märtyrer des Glaubens wie Dietrich Bonhoeffer, der, nur der Stimme des Gewissens folgend, sein Leben in die Waagschale warf. Wilhelm Canaris blieb das, was er schon zu Beginn seiner Laufbahn gewesen war: Ein konservativer Offizier, der dem Kaiser die Treue hielt, auch nachdem er abgedankt hatte, und sich nicht anfreunden konnte oder wollte mit der Weimarer Republik. Ein Militarist, wenn man so will, mit allen Vorurteilen seiner Klasse und Kaste, der nach der Rückkehr aus Chile als U-Boot-Kapitän Karriere machte und im Mittelmeer Schiffe versenkte. Canaris war mehr als nur ein aufrechter Patriot, er war ein reaktionärer Nationalist, und es ist kein Zufall, dass und wie er zwischen dem »Bluthund« Noske und den berüchtigten Freikorps lavierte, die Mörder Karl Liebknechts und Rosa Luxemburgs durch Falschaussagen deckte und mit dem Kapp-Putsch wie auch mit Hitlers Marsch auf die Feldherrnhalle sympathisierte. Dabei hielt er sich diskret im Hintergrund, Fäden ziehend, ohne politisch kompromittiert oder juristisch haftbar zu sein. Schon im Ersten Weltkrieg hatte er in Spanien ein Spionagenetz geknüpft, das bis zum König und zu General Franco reichte, und den Ankauf deutscher U-Boote ebenso eingefädelt wie das Eingreifen der Legion Condor in den Bürgerkrieg. Kein Wunder, dass Canaris in der Hierarchie des Dritten Reichs steil nach oben stieg: Nach dem Röhm-Putsch avancierte er zum Chef der Abwehr mit dem Spezialauftrag, zwischen Wehrmacht und SS zu vermitteln und das Kompetenzgerangel im Sicherheitsapparat zu beenden. Mit seinem Duzfreund Heydrich, der privat im Hause Canaris musizierte, verstand er sich ebenso gut wie mit den Granden des Nazistaats Himmler, Göring und Goebbels, und er hatte direkten Zugang zu Hitler, der ihm mehr vertraute als Generälen der Reichswehr und den Diplomaten des Auswärtigen Amts. Canaris war ein Workaholic, der lieber auf dem Feldbett seines Büros übernachtete als in seiner Villa im Grunewald, und trotz aller Intrigen, gegen die er sich zur Wehr setzte, Zeit fand, Ungarn und Japan als Verbündete zu gewinnen.

War Wilhelm Canaris ein gewissenloser Opportunist, der über Leichen ging? Ja und nein, aber es muss ein Ereignis gegeben haben, das seine Illusionen zerstörte und ihn den verbrecherischen Charakter des Naziregimes erkennen ließ. In diesem Zusammenhang ist meist von der Entmachtung der Reichswehrgeneräle Blomberg und Fritsch die Rede, die Canaris empörte, weil Fritsch zu Unrecht als Homosexueller denunziert worden war. Ein anderes Erlebnis dürfte ausschlaggebend gewesen sein. Im Winter 1936/37 besichtigte Canaris auf Einladung Heinrich Himmlers das Konzentrationslager Sachsenhausen. Die mit Offizieren besetzten Busse, gab sein Mitarbeiter Heinz später zu Protokoll, seien am Lagertor vorgefahren, und der KZ-Kommandant habe eine reguläre Führung veranstaltet und das Terrorsystem, einschließlich der Auspeitschung von Häftlingen, den Besuchern drastisch vor Augen geführt. Auf der Rückfahrt seien die Teilnehmer der Exkursion, unter ihnen überzeugte Nazis, totenblass gewesen und hätten kein Wort miteinander gesprochen.

Vielleicht war das der Grund, warum Canaris mit Wissen des Reichsführers SS jüdische Häftlinge von der Abwehr rekrutieren und, als Spione getarnt, ins Ausland schleusen ließ; auf diese Weise soll er vielen das Leben gerettet haben, ehe ein Führerbefehl die Ausreise von Juden verbot. In Polen wurde Canaris Zeuge von Massenexekutionen durch Einsatzgruppen der Wehrmacht, und als er Hitler im persönlichen Gespräch ersuchte, die Gräuel zu unterbinden, meinte dieser, Canaris sei »zu weich«: Der Krieg im Osten sei ein Weltanschauungskampf bis zur vollständigen Vernichtung des deutschen oder des jüdischen Volkes.

Am Vorabend seiner Selbsttötung im Bunker der Reichskanzlei sagte Hitler zu Martin Bormann, er habe Dolmetscher nie gemocht: Jeder, der mehr als nur seine Muttersprache spreche, sei ein Vaterlandsverräter, denn er versetze sich in das Denken des Feindes hinein. Deshalb habe er mit Canaris kurzen Prozess gemacht.

FORTSCHREIBUNG MEINER SELBST (2)

24. September 2019. Die Einschläge kommen näher: Wie oft habe ich diesen Satz schon gedankenlos hingeschrieben in der durch nichts begründeten Hoffnung, dass es immer nur den oder die anderen trifft, nie aber mich! Letzte Woche starb György Konrád, kurz danach Günter Kunert: Schwer zu sagen, wer von beiden mir näherstand, Konrád vielleicht, mit dem ich vor über dreißig Jahren, als es die DDR noch gab, die Jazzkneipe *Quasimodo* besuchte, ein Kellerlokal unterhalb des Delphi-Kinos, wo damals, wenn mich nicht alles täuscht, Archie Shepp Free Jazz spielte und, unterbrochen von Saxophonintermezzi, Bluestexte improvisierte – Rap existierte noch nicht. György Konrád schaute mich wortlos an, und ich erriet, was er mir sagen wollte: So sollten wir schreiben, ohne Rücksicht auf Staat und Gesellschaft, unbekümmert um die Wirkung aufs Publikum, kompromisslos ganz bei uns selbst sein und Wörter artikulieren, die wie ein Saxophonsolo oder der Pinselstrich eines chinesischen Kalligraphen einmalig und unwiederholbar sind. Die Luft war zum Schneiden dick, die Jazzfans rauchten, und György Konrád signalisierte mir mit einem Fingerzeig zur Betondecke, an der blubbernde Heizungsrohre entlangliefen, etwas, das ich ohne Worte verstand: Er dachte an die Gaskammer von Auschwitz, wo seine Familie ermordet worden war, und wir verließen das Lokal. Das war Mitte der 1980er-Jahre: Schon vorher hatte György Konrád in dem edition-suhr-

kamp-Band *Antipolitik* Vorschläge formuliert zur Überwindung des Eisernen Vorhangs, der Europa aufteilte in atomar gerüstete, tödlich verfeindete Blöcke: Er hat Vorschläge gemacht, heißt es bei Brecht, und Konráds Vorschläge klangen so vernünftig, dass er sie ganz und gar unaufgeregt vortrug, als seien sie selbstverständlich und völlig normal, auf einer Friedenstreffen genannten Konferenz ostdeutscher und westdeutscher Autoren, an der auch ich teilnahm. Hermann Kant wollte ihm das Wort entziehen mit dem Argument, Konrád repräsentiere nicht die ungarische Volksrepublik, während Stephan Hermlin darauf bestand, ihn ausreden zu lassen. György Konrád lud mich zum Essen zu sich ein, und in der Annahme, beide gehörten zu derselben Sprachfamilie, brachte ich eine Dichterin aus Helsinki mit, um die er mich beneidete, weil sie blond und blauäugig war. Unsere letzte Begegnung fand im Théâtre des Champs-Élysées in Paris statt, wohin Bernard-Henri Lévy mich einlud, um mit György Konrad, Umberto Eco und Julia Kristeva über Mittel und Wege zu diskutieren, Europa vor dem Zugriff der Populisten zu retten. Nach dem Podium trafen wir uns an der Bar des Hotels *Lutétia*, im Krieg Sitz der Gestapo, später Anlaufstelle für KZ-Überlebende und *displaced persons*, und ich erinnere mich, wie György Konrád sich eine Haschischzigarette drehte und trotz des Rauchverbots den Barmann um Feuer bat, als sei das eine Selbstverständlichkeit. Auf Befragen wies er ein ärztliches Attest vor, das ihm den Drogenkonsum gestattete, und erst jetzt begriff ich, dass er an einer unheilbaren Krankheit litt und nicht mehr lange zu leben hatte.

Erinnerung an einen Planeten hieß ein bei Hanser publizierter Gedichtband von Günter Kunert, den ich 1963 in einem Buchladen in Bonn-Kessenich erwarb. Der vom *Sputnik* inspirierte Titel ist unvermindert aktuell, wenn bei Protesten gegen die Erderwärmung vom Planeten B die Rede ist:

LAIKA

In einer Kugel aus Metall,
Dem besten, das wir besitzen,
Fliegt Tag für Tag ein toter Hund
Um unsre Erde.
Als Warnung,
Dass so einmal kreisen könnte
Jahr für Jahr um die Sonne,
Beladen mit einer toten Menschheit,
Der Planet Erde,
Der beste, den wir besitzen.

Ein paar Jahre später begegnete ich dem Autor dieser Verse bei der Tagung der Gruppe 47 in einer Gründerzeitvilla am Wannsee, die heute das Literarische Colloquium beherbergt, und noch später bei privaten Lesungen im Ostteil Berlins, die weder verboten noch erlaubt waren, überwacht von der Staatssicherheit, die bis zuletzt über Sinn und Zweck der Zusammenkünfte rätselte, weil es ihr nicht gelang, einen Spitzel in unseren Freundeskreis einzuschleusen. Günter Grass und Nicolas Born, Jurek Becker und Klaus Schlesinger, Sarah Kirsch und Hans Joachim Schädlich waren mit von der Partie sowie Günter Kunert, der verlässlich gute Gedichte vorlas und uns mit seinem abgrundtiefen Pessimismus nervte. Er hatte sich die damals kursierende, modische Endzeitstimmung zu eigen gemacht, die mir angesichts des nuklearen Wettrüstens und der Umweltzerstörung zynisch erschien, weil sie zu nichts verpflichtete. Dabei übersah ich, dass Kunert ein Unkenrufer war, der sich den Schönrednern der DDR widersetzt und dem die SED-Führung widerwillig erlaubt hatte, nach England und Amerika zu reisen. Auf einer Tagung des Goethe-Instituts in Turin drückte seine Frau Marianne mir fünfzig Mark in die Hand, um beim Roulette den Einsatz zu verdoppeln, was auch gelang, und dabei wurde mir klar, dass der Dichter unter dem Pantoffel seiner Gattin stand, einer Venus von Willendorf, der er jedes seiner Bücher gewidmet hat. Vielleicht erklärt das, warum Kunert einen in den 1970er-Jahren geschriebenen Roman, der das Zusammenleben des Ehepaars schilderte, unter Verschluss hielt bis kurz vor seinem Tod, als dem aus der Versenkung aufgetauchten Buch der verdiente Erfolg zuteilwurde. *Habent sua fata libelli*: Günter Kunert, so scheint mir, hatte mehr Angst vor dem Matriarchat im eigenen Haus als vor dem Arbeiter- und Bauernstaat, dem er längst die Gefolgschaft aufgekündigt hatte.

29. September. Gestern, nein vorgestern haben wir Günter Kunert zu Grabe getragen im jüdischen Friedhof Berlin-Weißensee. »Komplettieren Sie selbst«, sagte ein Mann in Steppjacke mit slawischem Akzent und zeigte auf einen Korb, dem ich eine Kippa entnahm: »Sie brauchen eine Kopfbedeckung!«

Statt des Riesenandrangs, den ich erwartete – Kunert war allseits beliebt –, war nur ein kleines Fähnlein Unentwegter in der Grabkapelle versammelt, unter ihnen Helga Schütz, die ich vor dreißig Jahren zusammen mit Irmgard Morgner durch New York führte, Krista Schädlich, die regelmäßig mit Kunert telefoniert hatte, und der Herausgeber des *Poesiealbums*, ein Waldmensch aus Wilhelmsruh. Kunerts zweite Frau, einst Sekretärin des SED-Chefideologen Kurt Hager, mit der Kunert schon zu DDR-Zeiten ein Verhältnis hatte, war zu gebrechlich, um von Itzehoe nach Berlin zu reisen, dafür war ihre Tochter mit Enkelin präsent. Nasskaltes Nieselwetter, zu Dauerregen verstetigt, eine Wohltat für die Natur nach dem staubtrockenen Sommer, aus der Friedhofserde sprossen Pilze, wie Kalbgeschnetzeltes schmeckende Parasols, zwischen Grabsteinen mit deutschen polnischen russischen lettischen und georgischen Namen, die auf -schwili oder -dse endeten. Der Kantor der Gemeinde sang wohlklingende Kadenzen, die mich an Coltranes Stück *A Love Supreme* erinnerten, das auf meiner Beerdigung erklingen soll, und bekannte, dass er nichts von Kunert gelesen habe, dies aber nachholen wolle: Ein sympathisches Geständnis, besser als laienhafte Ausflüge in die Literaturkritik. Der mit Rosengebinden geschmückte Kasten, in dem der Verstorbene lag, kein Sarg, sondern eine aus Spanplatten gezimmerte Holzkiste, wurde auf einen fahrbaren Untersatz gehievt und über sich verzweigende Wege durch den Friedhof gekarrt, und während ich vergeblich nachgrübelte über die Frage, ob Feuerbestattung nach jüdischem Ritus verboten ist, hielt die Prozession vor einer frisch ausgehobenen Grube, in die ich mit einer Kinderschaufel Erde schüttete, die einen auf dem Sarg liegenden Blumenstrauß unter sich begrub.

Am nächsten Morgen fuhr ich, hustend und schwer vergrippt, über Erfurt nach Kassel-Wilhelmshöhe, um in der *Schauenburger Märchenwache*, einer von Ali Schindehütte zum Kulturzentrum umgebauten Feuerwache, vor den üblichen Verdächtigen aus meinem Buch *Tunnel über der Spree* vorzulesen. Das Publikum, ein Staatsanwalt, ein Architekt und andere Honoratioren, war hochmotiviert, und nebenbei erfuhr ich, dass die Bürger von Kassel in drei Kategorien zerfallen: Kasselaner, Kasseläner und Kasseler – was immer der Unterschied ist! Die *Märchenwache* erinnert nicht nur an die Brüder Grimm, sondern auch an ihre hugenottische Gewährsfrau, die Märchen von Perrault in hessischer Mundart nacherzählte – und an Ali Schindehütte, den Keeper der Rixdorfer Balltreter, dessen Fußballtor ich einst mit F. C. Delius verteidigte.

Zurück in Berlin besuchte ich eine tschetschenische Hochzeit, die im *Lüx* stattfand, einem Ballsaal in Treptow: Eine Einladung, die ich nicht ausschlagen konnte, weil ich schon einmal in Nowye Atagi, einem von der russischen Armee umzingelten Aúl, an einer Bauernhochzeit teilgenommen hatte. Ein Vierteljahrhundert war das her, und die Hausherrin, verwundet durch über hundert Schrapnells, die höllische Schmerzen verursachten, empfing mich unter einem Poster der Kaaba von Mekka, wo ich, ohne die Folgen zu bedenken, ihrem Bruder meine Visitenkarte gab. Damals war die Scharia noch nicht eingeführt, Krimsekt, Wodka und Weinbrand wurden kredenzt, und man schoss mit scharfer

Munition in die Luft, bis eine vom Himmel fallende Kugel ein kleines Mädchen traf, doch das gehörte zu einer zünftigen Hochzeit dazu, die Kleine wurde ins Kinderkrankenhaus Nummer eins nach Grosny gebracht, und ich steckte der Braut druckfrische Geldscheine der nicht existierenden Republik Itschkerien in den Ausschnitt, während eine Kriegerwitwe mit Goldzähnen Schifferklavier spielte und ein Lied anstimmte über den deutschen Reporter, der aus dem Land von Beckenbauer und Mercedes gekommen sei, um sie aus dem Witwenstand zu erlösen, und ich auf den knarrenden Dielen herumhüpfte: Schleiertanz oder Schwerttanz – das war die Frage?

Jetzt ist alles ganz anders. Vor dem Treptower Ballsaal sind Gorillas aufmarschiert in Nappalederjacken mit verdächtigen Ausbuchtungen, und ich muss daran denken, dass und wie Selimchan Changoschwili, ein aus Georgien stammender Tschtetschene und Gegner des prorussischen Präsidenten Kadyrow, kürzlich im kleinen Tiergarten, ganz in meiner Nähe, von einem Auftragskiller erschossen wurde. Dabei fällt mir ein, dass mein tschetschenischer Gastgeber – ich zögere, das Wort Freund hinzuschreiben – die Seiten gewechselt und mich nach Grosny eingeladen hat: Alles sei wunderschön wiederaufgebaut, die Stadt nicht wiederzuerkennen, und Ramsan Kadyrow, Ex-Ringkämpfer und Duzfreund Putins, sei ein ehrenwerter Mann.

Scharpudin – so heißt der Bruder der Hausherrin, dem ich meine Visitenkarte gab, stand Jahre später in Berlin vor meiner Tür und gab erst Ruhe, als er es geschafft hatte, mit mir als Bürgen, der die Richtigkeit seiner Aussagen bezeugte, den Rest des Familienclans über Kiew, Warschau und Prag in die Bundesrepublik zu schleusen und seinen jüngsten Sohn auf meine Kosten an der Lippenspalte operieren zu lassen, was ich nie bereute, im Gegenteil: Es ist ein bewegender Moment, als der inzwischen erwachsen gewordene Aslan mich auf der Hochzeitsfeier in Treptow in die Arme schließt! Auch hier Schleier- und Schwerttänze, während die weiß gewandete Braut, von balzenden Auerhähnen umworben, die im Rhythmus der Musik um sie herumstampfen, auf den entscheidenden Moment wartet, wo sie von Brüdern des Bräutigams gekidnappt und ihrem Ehemann zugeführt wird, ein sinnentleertes Ritual, das nur noch *pro forma* eingehalten wird.

Alles schön und gut, doch was mich stutzig macht, sind zweihundert Hochzeitsgäste aus Deutschland und Österreich, die auf Kosten einer von Hartz IV lebenden Familie Lammragout verspeisen und Fanta trinken. Bis mir einfällt, dass Scharpudin sich vor Jahren mit einem Tanklaster voll Flugzeugbenzin für meine Hilfsbereitschaft bedanken wollte. Dass das mir zugedachte Öl, russisch *neft*, in trüben Kanälen versickerte, steht auf einem anderen Blatt.

PS:
Drei Dinge, die ich nicht mehr lernen werde: Statt »bitte« »gern« zu sagen, in die Armbeuge zu niesen statt in die hohle Hand und die Frage nach dem Befinden zu beantworten mit: »Alles gut!«

MEIN NAME SEI MONIKA

1

Ich heiße Monika Ertl und bin das *Missing Link* zwischen Nazis und Kommunisten, Adolf Eichmann und Ernesto Che Guevara, Fidel Castro und Klaus Barbie, dem Schlächter von Lyon, den ich Onkel Klaus nannte, während er mich, »hoppe Reiter« singend, auf den Knien balancierte: »Hoppe hoppe Reiter / wenn er fällt dann schreit er / fällt er in den Graben / fressen ihn die Raben / fällt er in den Sumpf / macht der Reiter plumps!« Das war Mitte der Fünfzigerjahre in La Paz, und weder Barbie/Altmann noch ich ahnten damals, wie prophetisch der Text des Kinderlieds war und wie bald er in Erfüllung gehen würde. Ich verbrachte unbeschwerte Jugendjahre in der Hauptstadt Boliviens, die dreitausendachthundert Meter über dem Meeresspiegel liegt, in einem von Andengipfeln überragten Tal, wo Cholos genannte Indios Kokablätter kauen, das beste Mittel gegen die Höhenkrankheit, die mich nicht befiel, weil ich immun bin gegen Soroche, das bei Tieflandbewohnern und Touristen Herzrasen und Atemnot, Schwindel oder Erbrechen hervorruft. Selbst mein Vater, der die schwierigsten Gipfel Europas, die Nordwand der Königspitze und die Eiswand des Ortlers, den Sia Kangri und später den Nanga Parbat bezwang, litt an Soroche: Ein Gipfelstürmer im wahren Sinne des Worts, der sich mit vor die Brust geschnallter Kamera bei den Winterspielen in Garmisch von der Sprungschanze stürzte, um sich selbst beim Skiflug zu filmen, Sportchampion und technischer Pionier zugleich, und der die geniale Idee hatte, die Schwimmwettkämpfe der Olympiade als Froschmann von unten zu filmen, im Unterwasserduett mit Leni Riefenstahl, damals noch seine Geliebte, bevor Joseph Goebbels, grün vor Neid, ihr den Umgang mit meinem Vater verbot. Das alles geschah vor meiner Zeit, aber es hatte Auswirkungen auf mein späteres Leben, weil Goebbels, um die größtmögliche Distanz zwischen Leni Riefenstahl und Hans Ertl zu legen, meinen Vater ans Ende der Welt schickte als Kameramann eines Abenteuerfilms, gedreht an den Originalschauplätzen der zu Chile gehörigen Robinson-Insel, die damals Juan Fernández hieß. Das war 1939, vor Ausbruch des Zweiten Weltkriegs, nach dessen schmählichem Ende mein Vater nach Bolivien emigrierte.

2

Ich stamme aus Bayern, geboren in München als jüngste von vier Töchtern, die mein Vater, weil er sich einen Sohn wünschte, Mockel nannte, Mockel wie Jockel, mein Vater war Bergsteiger, ich sagte es schon, Bergsteiger und Kameramann in Filmen von Luis Trenker und Leni Riefenstahl, und ich verlebte eine glückliche Kindheit in Oberbayern, zwischen Traunstein und Tegernsee, Dachau war nicht weit vom Schuss, wo der Reichsführer SS Heinrich Himmler 1933 das erste Konzentrationslager errichtete, damals noch KL genannt. Das war vor meiner Zeit, denn ich kam 1937 zur Welt, auf dem Höhepunkt des Stalinschen Terrors, kurz vor dem Massaker von Nanking und der Reichspogromnacht, die der Judenvernichtung vorausging, aber davon ahnte ich nichts, während ich mit Puppen spielte, Kuchen buk, Sandburgen baute und wieder zerstörte, und erst Jahre später, in der Nachkriegszeit, begriff ich, in welch finsteren Zeiten ich groß geworden war, umsorgt von Kindermädchen, die den Ernst des Lebens von mir fernhielten, während mein Vater am Ende der Welt, im Südpazifik, einen Spielfilm drehte, der nur kurz in den Kinos lief, weil das Tropen-Idyll *Ein Robinson* nicht mehr kompatibel war mit dem durch Hitler vom Zaun gebrochenen Krieg. Meinem Vater ging es wie dem Helden des Films, einem Matrosen der *Dresden*, der elf Jahre auf Robinson Island verbrachte, bevor er auf Umwegen in die Heimat zurückkehrte: Er wurde zum Kriegsberichterstatter und filmte an allen Fronten, vom Nordkap bis Sizilien und vom Atlantikwall bis zum Kaukasus, doch die schönsten Bilder drehte er in El Alamein, wo er Landser Spiegeleier brieten ließ auf von der Sonne erhitztem Panzerstahl – dass er einen Gaskocher unter der Karosserie platziert hatte, wusste niemand außer Rommel, dem Wüstenfuchs. Ich war nie in Nordafrika, doch auf Juan Fernández kannte ich mich aus, noch bevor es mich dorthin verschlug, denn in den Bombennächten des Krieges, in Luftschutzbunkern und Kohlekellern, erzählte mir mein Vater vor dem Einschlafen, von Robinson und seinem Hofstaat, bestehend aus Freitag, dem Insulaner, und Poll, dem Papagei, dem er beibrachte, seinen Namen zu krächzen.

3

Ja, so könnte es gewesen sein, aber so war es nicht, weil
ich nicht in Bolivien groß geworden bin, sondern erst
mit sechzehn dorthin kam. Im Winter 1953, als auf der
Südhalbkugel Sommer war, ging ich mit meiner Mutter
und meiner Schwester Trixi in Buenos Aires an Land,
und wir bestiegen den Anden-Express, der sich, anders
als der Name verhieß, quälend langsam die Berge hin-
aufquälte, nachdem er die argentinische Pampa und das
in der Hitze dampfende Tiefland Boliviens durchquert
hatte. Statt meines Vaters, der zur selben Zeit den Nanga
Parbat bestieg und einen Dokumentarfilm drehte, der
ihm, da war er sich sicher, den Bundesfilmpreis einbrin-
gen würde, statt des Vaters erwartete uns am Bahnhof
von La Paz ein Deutscher namens Altmann, den wir
Onkel Klaus nannten, und statt der Höhenkrankheit
Soroche bekam ich einen epileptischen Anfall, weil ich
mich mit Händen und Füßen gegen die Trennung von
meinen Jugendfreunden und den Weggang aus München wehrte. Es dauerte zwei Jahre, bis ich die fremde
Sprache erlernt und mich in Bolivien eingelebt hatte, wo
die Aufnahmegebühr in den Deutschen Club fünfhundert Dollar betrug, während ein Minenarbeiter fünfundzwanzig Cent am Tag verdiente – eine Diskrepanz,
die mir schlaflose Nächte bereitete und hysterische Ab-
wehrreaktionen hervorrief. Damals war ich noch eine
gläubige Katholikin und wusste nichts von Lohn, Preis,
Profit und vom Mehrwert der Arbeit, den die Kapitalis-
ten sich aneigneten. Aber das in der Schule vermittelte

Wissen um KZ-Gräuel und Judenverfolgung weckte mein soziales Gewissen und führte mich in die Nähe der Befreiungstheologie, die sich damals *in statu nascendi* befand – Herz-Jesu-Sozialismus nannten wir das. Und ich nahm mir vor, meinen Vater nach seiner Rückkehr vom Himalaja zu fragen, ob und was genau er über die Gaskammern in Auschwitz gewusst habe, bohrende Fragen, die er stets ausweichend beantwortete.

So war es denn auch, als mein Vater ein Jahr nach dem Aufbruch zum Nanga Parbat endlich wieder seine nach Bolivien ausgewanderte Familie in die Arme schloss. Dass er uns schmerzlich vermisst hätte, wäre zu viel gesagt, denn meiner Mutter, meiner Schwester Trixi und mir war nicht entgangen, dass er bei den Dreharbeiten am Hindukusch und bei der Filmpremiere Berlin in Begleitung einer Blondine auftrat, die der Boulevardpresse Stoff für Gesellschaftsklatsch und Hochglanzfotos in Illustrierten lieferte.

»Auch du, mein Sohn Brutus«, sagte mein Vater, der mich immer noch Mockel nannte und einen männlichen Stammhalter in mir sah, »auch du quälst mich mit einem Ortsnamen, den ich im Sommer 1945 zum ersten Mal hörte, als ich der Entnazifizierungskommission Rede und Antwort stand. Damals stellten die Amis mir einen Persilschein aus, weil ich kein Parteimitglied und nur ein kleines Rädchen im Propaganda-Apparat gewesen war. Mit Konzentrationslagern hatte ich nie zu tun, das war geheime Reichssache – nur Himmlers SS und die Gestapo wussten Bescheid. Trotzdem oder gerade deshalb verfolgen mich *Spiegel* und *Stern* mit übler

Nachrede, und das ist der Grund, warum man mir den Bundesfilmpreis vorenthält, obwohl ich noch vor Expeditionschef Buhl auf dem Nanga Parbat war und meinen Aufstieg zum Gipfelkreuz filmte. Stattdessen werde ich mit einem Trostpreis abgespeist. – Doch nichts für ungut«, fuhr er nach einer Pause fort. Ich sei nun bald volljährig und spaziere ohne männlichen Geleitschutz in den Armenvierteln von La Paz und auf den Gletscherfeldern der Anden herum. Statt meine Frage zu beantworten, ob und was genau er von Auschwitz gewusst habe, schenkte er mir eine Damenpistole, die in jede Handtasche passte, wie er betonte.

4

Diese Pistole trug ich bei mir, als ich zwei Jahre später zum Traualtar schritt. Inzwischen war ich volljährig, doch ich war weit entfernt vom Hervorgehen aus selbst verschuldeter Unmündigkeit, von dem Kant spricht: Lieber hätte ich Philosophie studiert, Medizin oder sogar Theologie, als einen Bergbauingenieur zu heiraten, den nicht ich, sondern mein Vater ausgesucht hatte, weil in seinen Adern arisches Blut floss, wie Onkel Klaus als Trauzeuge hervorhob. Hans war eine gute Partie, wie man sagte, und verdiente gutes Geld in der chilenischen Kupfermine El Teniente, tausend Kilometer südlich von La Paz, wo ich es nicht lange aushielt, weil ich das Eheleben so trostlos und fad fand wie die Gesellschaft, die ich dort antraf, während das Elend der Indios mir zu Herzen ging und die Ausbeutung der Mineros mich empörte. Zum Glück wurde ich nicht schwanger, sonst hätte ich mich, wohl oder übel, ins fremdbestimmte Leben gefügt und, wie mein Vater, die Hoffnung auf Selbstverwirklichung auf die nächste Generation projiziert. Eine Vorahnung all dessen muss mich beschlichen haben, als ich, die Damenpistole in meiner mit Perlen bestickten Handtasche, zum Traualtar schritt und, während wir die Ringe tauschten, überlegte, wen ich zuerst erschießen sollte: Den Pfarrer, den Bräutigam oder mich – oder meinen Vater, der, da war ich mir sicher, tiefer ins Nazi-Unrecht verstrickt war, als er eingestand.

Doch ich eile den Ereignissen voraus, denn zur Verlobung spendierte er Hans und mir eine vorgezogene Hochzeitsreise, die, wie stets, das Angenehme mit dem Nützlichen verband: Wir sollten, nein durften ihn auf einer Expedition in den Urwald begleiten, auf der Suche nach einer im Dschungel versunkenen Inkastadt, deren Auffindung er mit der Kamera dokumentierte: Der »Kulturfilm« – so sagte man damals – *Vorstoß nach Paititi* lief mit mäßigem Erfolg in den Kinos – nur in Rom wurde er zum Kassenschlager. Meine Schwester Heidi sprang für meinen Verlobten ein, den ein Streik der Minenarbeiter an der Abreise hinderte, und fünfzig Packpferde und Maulesel, beladen mit von der Firma Klepper gespendeten Zelten, Faltbooten und anderem Gerät, trotteten über Bergpfade die Yungas hinab und später auf Schlammpisten durch den Regenwald. Um es vorweg zu sagen: Der Höllentrip ins Tiefland Boliviens war die aufreibendste, aber auch die schönste Zeit meines Lebens. Mein Vater, um Jahre verjüngt, filmte mit der Arriflex, die er schon als Kriegsreporter benutzt hatte, und ich knipste ihn mit der Leica, wie er sich mit der Machete den Weg bahnte oder, wenn es nicht anders ging, mit dem Flammenwerfer Schneisen ins Dickicht brannte. Und ich rettete ihm das Leben, als, vom Schein des Feuers angelockt, auf dem ein von mir erlegter Tukan schmorte, ein Jaguar knurrend die Hängematte umschlich, in der mein Vater, von den Strapazen des Marsches erschöpft, schlummerte. Das böse glimmende Augenpaar sehe ich noch heute vor mir. Ein Schrei, ein Schuss, und die Raubkatze bricht tödlich getroffen zusammen. Wer aber beschreibt meine Enttäuschung, als statt eines Pumas oder Jaguars ein röchelnder Ameisenbär vor mir lag, der laut *Brehms Tierleben* weder Menschen noch Vieh bedroht.

Am nächsten Morgen wurde mein Mut erneut auf die Probe gestellt, als ich mich an einem durch die Luft gespannten Seil über einen Dschungelfluss hangelte und mit knapper Not dem aufgesperrten Rachen eines Krokodils entging – oder war es ein Kaiman? Höhe- und Tiefpunkt der Reise war die vom Urwald überwucherte Ruinenstadt Paititi, wo ich mich als Archäologin betätigte. Zwar förderten wir nur Tonscherben zutage, doch der Beweis war erbracht, dass es sich um den östlichsten Außenposten des Inkareichs handelte, das in der Ketschua-Sprache Tawantinsuyu hieß. Die aus Goldblech gehämmerte Maske, die ich der Presse präsentierte, stammte aus Cuzco, wo es damals wie heute mehr Grabräuber als Inkagräber gibt.

Nach zehn Jahren endete unsere »Kameradschaftsehe« –
der Ausdruck gehörte zum Wortschatz meines Vaters,
dem ich, ohne es zu wollen, nacheiferte, indem ich meinen Mann mit seinen Brüdern betrog: Zuerst mit Gerd,
der beim Segeln im Titicacasee ertrank, und später mit
Reinhard, der in Freiburg Medizin studierte und mich
ins *juste milieu* der westdeutschen Linken einführte, das
mich eher abstieß als anzog: Ganz gleich, ob sie sich
Maoisten, Trotzkisten oder Anarcho-Syndikalisten nannten – gemeinsamer Nenner der studentischen Wohn-
gemeinschaften war ihr praxisferner Verbalradikalismus
ohne Bezug zur Dritten Welt und, was noch schwerer
wog, zur Arbeiterklasse, die sie nur vom Hörensagen
kannten. Nicht Reinhard hat mich politisiert, obwohl er
von morgens bis abends und sogar nachts im Bett auf
mich einredete, sondern die Ausbeutung der Indios, die
ich in La Paz, El Teniente und Paititi hautnah erlebte,
vor allem aber die Begegnung mit einer jungen Frau, die
Deutsch sprach wie ich, aber in Argentinien aufgewach-
sen und in Kuba ideologisch geschult worden war. Sie
war jüdischer Herkunft: Ihre Eltern waren vor den Nazis
nach Argentinien geflohen und später aus Buenos Aires
nach Ostberlin zurückgekehrt, wo Tamara Bunke – so
hieß die junge Frau – als Dolmetscherin für ihre Mutter
einspringend, Che Guevara begegnete. Der lud sie nach
Havanna ein, und von dort verschlug es Tamara nach
Bolivien, um die untergegangene Kultur der Hochland-
indianer zu studieren, die sie ebenso faszinierte wie

mich. Tanja la Guerillera – so nannten wir sie – verkehrte in den höchsten Kreisen von La Paz und führte ein Doppelleben, von dem ich nichts wusste: Tagsüber gab sie den Töchtern des Präsidenten Barrientos Deutschunterricht, nachts sondierte sie das Terrain für den Aufbau einer Guerillatruppe, die unter Führung Che Guevaras die Indios aufwiegeln und, von den Bergen herabsteigend, die Hauptstadt einnehmen sollte, wie Fidel Castro es in der Sierra Maestra vorexerziert hatte. Es dauerte ein Jahr, bis sie mir die Wahrheit gestand, nachdem ich bei allen Heiligen geschworen hatte, das Geheimnis für mich zu behalten – großes Indianerehrenwort!

6

Wie nicht anders zu erwarten, hatte Tanja mir nicht die ganze Wahrheit gesagt, denn neben der politischen gab es noch eine private Agenda, über die sie nichts verlauten ließ: Schon bei ihrer ersten Begegnung in Ostberlin und später in Leipzig, wo sie für ihn dolmetschte, hatte sie sich mit Haut und Haaren in Che Guevara verliebt, der so ganz anders war als die Spitzbärte und Glatzköpfe, die in der DDR das Sagen hatten. Che scheint ihre Gefühle erwidert zu haben, denn er sorgte diskret dafür, dass sie neben ihrer offiziellen Funktion – der Betreuung von Reisekadern aus der DDR – in Kuba militärisch ausgebildet und auf Auslandseinsätze vorbereitet wurde, die der Geheimhaltung unterlagen, weil sie zusammenhingen mit seinem Plan, die Revolution auf den südamerikanischen Kontinent zu exportieren. Tanjas konspiratives Leben ähnelte einer Schublade mit doppeltem

Boden, nein: einer russischen Puppe, aus deren Bauch immer neue Puppen zum Vorschein kommen, während sie, ohne ihre Eltern zu kontaktieren, zwischen Havanna und Rom, Prag und Paris, Ost- und Westberlin pendelte und sich abwechselnd Haydée González, Maria Iriarte oder Laura Gutiérrez Bauer nannte. Dieser Name stand in dem Pass, mit dem sie nach Bolivien einreiste, und so stellte sie sich vor, als wir nach dem Besuch des Films *Die sieben Samurai* ins Gespräch kamen und ich, hellhörig geworden durch ihren argentinischen Akzent, fragte, ob sie aus Buenos Aires sei? Ich lud sie in meine Studentenbude ein und zeigte ihr die Tonfiguren und Fragmente, die ich in Paititi ausgegraben hatte und die ihr genauso gut gefielen wie mir. »Trinken werde ich aus deiner Hirnschale / mich schmücken mit deinen Zähnen / Flöten schnitzen aus deinem Gebein / und tanzen zum Klang deiner Haut / die meine Trommel spannt«: Dieses von mir übersetzte Lied aus präinkaischer Zeit sang ich zuerst auf Ketschua und dann in Deutsch, und Laura alias Tanja war so angetan, dass sie die Arme um mich schlang und mir einen Kuss auf die Lippen drückte. Wir tranken Mate de Coca, der denselben Wirkstoff enthält wie Kokain, und liebten uns auf dem Lamafell, das mir als Bettvorleger diente. Nie wieder – davor oder danach – habe ich Tanja so entspannt gesehen. Aber es hat nichts genutzt, denn als ich den Ortsnamen Camiri erwähnte, erbleichte sie, weil sich hier das Basislager von Ches Guerillatruppe befand.

7

Der Anruf kam nicht, wie sonst, von einer Telefonzelle, sondern aus der Privatvilla des Präsidenten Barrientos, dessen Töchtern Tanja Sprachunterricht gab, damit sie in der deutschen Schule mithalten und mitreden konnten. »Ich habe Bauchschmerzen«, sagte eine Fistelstimme, die nicht Tanja gehörte, sondern Carmencita, der jüngsten Tochter des Staatschefs, in gebrochenem Deutsch, und das war das Codewort dafür, dass die Tarnung durchbrochen und ihre Identität aufgeflogen war. Wir hatten es oft genug durchgesprochen, und ich wusste, was in diesem Fall zu tun war: Während Tanja abtauchte und sich versteckt hielt an unbekanntem Ort, sollte ich ohne Zwischenstopp nach Camiri fahren, nein: nach Ñancahuazú, um Che Guevara persönlich Bericht zu erstatten über das, was vorgefallen war. Mein Wagen, ein ramponierter Chevrolet Baujahr 1957, den ich gebraucht gekauft hatte, sah auffällig aus und war gerade deshalb unverdächtig, wie Tanja behauptete. Doch die Mission war mehr als heikel, denn die Fahrt über schlecht ausgebaute Serpentinenstraßen, vorbei an Abgründen voller Autowracks, dauerte selbst im Geländewagen dreißig Stunden, mit dem Chevrolet aber, auf dessen Bremsen schon im Stadtverkehr kein Verlass war, erheblich länger. Wenn ich eine Panne hätte, sollte ich per Anhalter weiterfahren oder umsteigen in einen Bus oder Taxi: Geld spiele keine Rolle; für den Befreiungskampf sei kein Opfer zu groß, und am Ziel angekommen, würde ich für alle Strapazen belohnt.

Das Wunder geschah, Gott hilft den Mutigen, und ich gelangte heil und unversehrt nach Camiri, in der Rekordzeit von vierundzwanzig Stunden. Dort verließ mich das Glück, und ich hatte eine Reifenpanne, ausgerechnet vor der örtlichen Polizeistation. Statt die Beamten aus dem Büroschlaf zu wecken – im stickig heißen Camiri macht man so lange wie möglich Siesta – oder anderswo Hilfe zu suchen, fuhr ich mit dem Taxi ins dreißig Kilometer entfernte Ñancahuazú, wie Tanja es mir befohlen hatte. Che Guevara war ausgeflogen, genauer gesagt: Er und seine Männer waren auf einem Gewaltmarsch durch die Berge, um die Umzingelung der Armee zu durchbrechen, von der hier, im Auge des Sturms, nichts zu spüren war. Nur ein paar schläfrige Wachposten lungerten herum, verdächtige Typen, die ebenso gut Guerillakämpfer oder Spione sein konnten – vielleicht auch beides zugleich. Da ich dem Frieden nicht traute, fuhr ich zurück nach Camiri, wo die Polizei mich mit offenen Armen empfing. Die Reifenpanne war beseitigt, mein Chevrolet auf Hochglanz poliert, und ein Polizeisergeant überreichte mir freudestrahlend den Schlüssel, den ich im Zündschloss hatte stecken lassen – eine klassische Fehlleistung! –, und wünschte mir Glück für die weitere Fahrt. Da sich nur selten eine Gringa in das Provinznest verirre, sagte er, noch dazu eine Blondine, verzichte man auf einen Strafzettel wegen Falschparkens, die Reparatur der Reifenpanne gehe auf Kosten der Polizei.

Eine klassische Fehlleistung – ich sagte es schon. Erst viel später, als ich von der Passhöhe herabblickte auf die Yungas genannten Täler mit ihrer immergrünen Vegetation, dämmerte mir, welch kapitalen Fehler ich begangen hatte. Beim Wühlen im Handschuhfach entdeckte ich, dass mein Adressbuch fehlte und die Straßenkarte von Shell, in der Tanja die Route und den Zielort mit Rotstift markiert hatte. Die Polizei hatte den Wagen durchsucht, Fingerabdrücke genommen – dazu hatte sie mehr als genug Zeit – und kompromittierende Dokumente beschlagnahmt. Mit zitternden Fingern zündete ich mir eine Mentholzigarette an. Nicht Tanja, die nachträglich die Verantwortung auf sich nahm, *ich* hatte Che Guevaras Guerillatruppe dem Feind ans Messer geliefert, und das war kein Versehen, sondern ein Verbrechen – Verrat der Revolution. Dass ich nicht festgenommen und zu Tode gefoltert wurde, verdanke ich einzig und allein meinem Trauzeugen, Onkel Klaus, in dessen Büro die Fahndung zusammenlief: Oberst Quintanilla, den ich damals noch nicht kannte, hätte nicht viel Federlesens mit mir gemacht.

8

Der Rest der Geschichte ist bekannt. Che Guevara teilte seine Leute in mehrere Kolonnen auf, um die Verfolger abzuschütteln, und führte selbst die Hauptgruppe an: *Schiffe versenken* nannte er das. Von Asthma-Anfällen und Boro-Fliegen geplagt, deren Stiche sich eitrig entzündeten, spielte er Blindekuh mit der Armee, die ihm auf den Fersen war, und marschierte wochenlang durch menschenleeren Wald, in dem es kaum jagdbares Wild, keine Felder und Ansiedlungen gab. Unterwegs waren tiefe Schluchten und reißende Flüsse zu überwinden, bei deren Durchquerung ein Floß mit Rucksäcken und

Munition kenterte und zwei Guerilleros ertranken. Gegen Ches Willen war Tanja zu der Kolonne gestoßen, aber die aus La Paz mitgebrachten Radioröhren waren beim Transport zerbrochen, das Funkgerät funktionierte nicht, und die Truppe war ohne Verbindung zur Außenwelt.

»Schaffen wir zwei, drei, viele Vietnam«, rief Che Guevara mit sich überschlagender Stimme, während ein Aufklärungsflugzeug über die Baumwipfel donnerte. Er ließ Tanja mit kranken, verwundeten und politisch unzuverlässigen Kämpfern am Rio Ikira zurück und brach mit der von ihm geführten Vorhut in Eilmärschen nach Muyupampa auf, wo er der Armee in die Arme lief. »Nicht schießen, ich bin Che Guevara und lebend wertvoller als tot!« Mit diesem Ruf soll Che sich der Übermacht ergeben haben, bevor er, schwer verwundet, aber nicht tot, in der Dorfschule von La Higuera aufgebahrt und von einem per Los bestimmten Leutnant auf Befehl der Regierung erschossen wurde. Sein Leichnam wurde auf den Kufen eines Helikopters nach Vallegrande geflogen, von CIA-Agenten identifiziert und unter ärztlicher Aufsicht obduziert, nachdem Oberst Quintanilla ihm die Hände abgetrennt und als Trophäen nach La Paz geschickt hatte, von wo aus sie, in Formaldehyd konserviert, auf Umwegen nach Havanna gelangten. Erst Jahre später wurden seine sterblichen Überreste von forensischen Experten aus Kuba unter dem Beton des Flugfelds entdeckt und zusammen mit dem Skelett von Tanja la Guerillera, die am Vado del Yeso in einen Hinterhalt geriet, im Mausoleum von Santa Clara beigesetzt, wo Che seinen größten Sieg errungen hatte.

9

Ja, ich habe ihn geliebt. Damit meine ich weder meinen Ex-Mann Hans noch dessen Bruder Reinhard, weder Feltrinelli, der mir die Tatwaffe besorgte, noch Régis Debray, mit dem zusammen ich Pläne ausheckte, Altmann alias Barbie zu entführen, um das Weltgewissen wachzurütteln: Vergeblich, denn Onkel Klaus hatte den Braten gerochen und mied fortan seinen Stammplatz im Deutschen Club. Gemeint ist Inti Peredo, einer der wenigen Überlebenden von Ches Guerillatruppe, der mich Imilla nannte – kein Deckname, sondern ein Ketschua-Kosewort. Es war Liebe auf den ersten Blick, und Inti brauchte mich nicht zu agitieren, denn ich hatte beschlossen, mein Leben der Revolution zu widmen oder, falls auch dieser Traum zerstob, Quintanilla zu ermorden, der Ches Leichnam zerstückelt und dessen Kämpfer zu Tode gefoltert hatte. Wir redeten nicht über Politik, denn wir stimmten auch ohne Worte überein, und bei unseren Treffen in konspirativen Wohnungen rissen wir einander gierig die Kleider vom Leib, weil wir wussten, dass wir nicht mehr lange zu leben hatten.

Ich weiß nicht mehr, welcher Teufel mich geritten hat, Boliviens meistgesuchten Mann, Inti Peredo, auf den, tot oder lebendig, ein Kopfgeld ausgesetzt war, meinem Vater vorzustellen. Es war im Dezember 1969, der politische Sturm hatte sich gelegt, und Inti war aus der Illegalität aufgetaucht, um ein Befreiungsheer namens ELN als Nachfolgeorganisation von Ches Guerilla aus dem Boden zu stampfen. Wir fuhren mit dem Bus nach Santa Cruz de la Sierra und mieteten ein Motorrad, um meinem Vater unsere Aufwartung zu machen, der hier, *in the middle of nowhere*, Land gekauft und eine Farm aufgemacht hatte. Hans Ertl war zwar reaktionär, aber kein Nazi, eher ein Abenteurer mit Hang zu weltfremden Ideen, den die Ausbeutung der Indios genauso empörte wie mich. Ich wollte ihn überreden, uns ein Terrain zur Verfügung zu stellen, ein Dschungelcamp für Schießübungen und paramilitärisches Training der ELN, aber ich biss bei ihm auf Granit. Er habe seine Arbeiter stets gut behandelt und großzügig bezahlt, sagte mein Vater, doch die Indios seien von Natur aus indolent und lägen lieber in der Hängematte, als für die ELN zu kämpfen. Zu meiner Überraschung stimmte Inti Peredo ihm zu. Und würde der Aufruf zur Revolution wider Erwarten befolgt, hätte er Polizei und Armee auf dem Hals. »Nein und abermals nein!«

Zum Abschied schenkte ich ihm die Taschenbuchausgabe von Maos Theorie des Guerillakriegs mit Vorwort von Sebastian Haffner, ohne zu wissen, dass dies unsere letzte Begegnung war und ich meinen Vater nicht lebend wiedersehen würde.

In La Paz trennten sich unsere Wege, und ich erfuhr erst am nächsten Tag, dass Inti beim Verlassen einer konspirativen Wohnung auf offener Straße von der Polizei erschossen worden war. Dass ich mitschuldig wurde an seinem Tod, weil mein Vater seinem Duzfreund Altmann von unserem Besuch berichtet hatte, wurde mir erst später klar.

10

»Sind Sie Toto Quintanilla?«

»Nein, das heißt, doch. Mein Name ist Roberto Quintanilla, und ich bin Generalkonsul der Republik Bolivien in der Freien Hansestadt Hamburg. Was kann ich für Sie tun?«

»Es geht um eine Frauengruppe aus Australien, die den Chacaltaya besteigen möchte – Alpinistinnen oder vielmehr Andinistinnen!«

»Das klingt vielversprechend. Aber die Besteigung, nein Bezwingung des Chacaltaya ist kein Spaziergang. Und was führt die Damen nach Hamburg?«

»Eine Regatta!«

»Sind Sie nun Bergsteigerin oder Seglerin? Mir scheint, wir sind uns schon einmal begegnet! Treten Sie näher – noch näher bitte. Sind die Australierinnen alle so blond wie Sie?«

»Faschistenschwein!«

Das Ersinnen von Dialogen liegt mir nicht – es ödet mich an. Aber so oder ähnlich könnte der Wortwechsel gewesen sein, bevor Imilla alias Monika Ertl die entsicherte Pistole aus ihrer Handtasche zog und drei

Schüsse abgab – einen für Che, einen für Inti Peredo, ihren Geliebten, und einen für Tanja, ihre Genossin – drei Schüsse in die Brust, die die Herzaorta durchschlugen und zusammen ein V ergaben, V für Victory wie Churchills zum Siegeszeichen gespreizte Finger – oder war es Roosevelt, der beim Treffen mit Stalin in Jalta diese Geste erfand?

Toto Quintanilla griff sich an die Brust und glitt seitlich vom Sofa, wo er, vom Schreibtisch aufstehend, Platz genommen hatte, um seine Besucherin näher in Augenschein zu nehmen in Erwartung eines Tête-à-Tête, während seine Frau, von den Schüssen alarmiert, aus dem Nebenzimmer hereinstürzte und Monika die Pistole entwand. Im Handgemenge verliert sie ihre Perücke und Handtasche, bevor sie im Laufschritt die Treppe hinabeilt und in ein mit laufendem Motor wartendes Auto springt, einen rot lackierten MG, wie ein Passant zu Protokoll gibt. Die Tatwaffe – nicht die Walther P 38 aus dem Besitz ihres Vaters und auch nicht der handlichere Browning, mit dem sie Quintanilla hatte erschießen wollen –, die Tatwaffe bleibt am Tatort zurück, statt im Alsterschlick zu versinken, und bringt die Ermittler auf eine heiße Spur, denn der Colt Cobra mit der Seriennummer 212607 – LW ist auf den Namen eines von Interpol gesuchten Verlegers registriert, der sich durch häufige Wohnortwechsel dem Zugriff der Fahnder entzieht. Er heißt Giangiacomo Feltrinelli und hat kurz zuvor unter dem Pseudonym *Robinson Crusoe* ein Nummernkonto in Zürich eröffnet.

Was die Polizeiakte ignorierte, war der Namensgeber des Kontos, ein sprechendes Detail, das tief blicken lässt und auf mehr als nur einen kurzen Flirt hindeutet. Hatte Monika dem Verleger von dem UFA-Film *Ein Robinson* erzählt, der nach der Premiere aus den Kinos verschwand, weil das Südseeidyll unvereinbar war mit Propaganda für den 1939 begonnenen Krieg? Hat sie dabei erwähnt, dass sie in den 1950er-Jahren zusammen mit ihrem Vater Juan Fernández besucht und einen Dokumentarfilm über die Insel gedreht hatte? Und war der Name des Schiffbrüchigen das Codewort für eine Liebesbeziehung, die 1964 in Havanna begann und sieben Jahre später in Zürich endete, als Feltrinelli ihr die Tatwaffe, einen Colt Cobra, übergab? Und welche Rolle spielt der geheimnisvolle Däne, dessen roter Sportwagen, kein MG, sondern ein Triumph Spitfire, im März 1971 vor dem Hotel *Rothus* parkte, in dem Monika Ertl abstieg, während Feltrinelli keine zehn Minuten entfernt im *Simplon* am Hauptbahnhof logierte? Jan Stage hatte mit einem Stipendium der kommunistischen Partei Kuba besucht und dort eine paramilitärische Ausbildung absolviert, ehe er als Kriegsreporter hervortrat mit Texten, die kritischer Prüfung nicht standhielten, weil er es mit Zahlen und Fakten nicht genau nahm, trotzdem aber in Zeitungen und Zeitschriften gedruckt wurden. Nur eins ist klar im Dickicht ins Kraut schießender Gerüchte: Der kubanische Geheimdienst – vielleicht sogar Fidel Castro persönlich – hatte »Toto« Quintanilla zum Tode verurteilt, weil er Ernesto Guevaras Leichnam geschändet und dem Toten die Hände abgeschnitten hatte – ein Bannstrahl, der alle an Ches Ermordung Beteiligte früher oder später traf.

11

Fragen Sie mich nicht, auf welch komplizierten Umwegen ich von Hamburg nach Bolivien zurückkehrte –
selbst wenn ich dies wollte, könnte ich die Namen meiner Komplizen nicht preisgeben. In allen Flughäfen und
Bahnhöfen hingen Fahndungsplakate aus, auf denen
ich an erster Stelle rangierte, aber trotzdem gelangte ich
unerkannt nach La Paz. Chato Peredo nahm mich unter
seine Fittiche und trat die Nachfolge seines ermordeten
Bruders an – nicht nur in der Politik, auch im Bett.
Chato, so hieß es, sei der Kopf der ELN, und ich sei das
Herz der Guerillatruppe gewesen. Am 12. Mai 1973
wurde ich bei einer Razzia am nördlichen Stadtrand von
La Paz von Paramilitärs exekutiert: Das Foto der vor
dem Haus Nummer 1203 auf dem Rücken liegenden Toten ging rund um die Welt, aber die Überführung meiner Leiche verzögerte sich. Die Polizei rückte mich nicht
heraus, obwohl ich Behördenangaben zufolge in der
deutschen Sektion des Friedhofs von La Paz beerdigt
wurde. Entweder ließ man meinen Leichnam verschwinden, um kein Märtyrergrab zu schaffen, oder ich bin gar
nicht tot. Schon damals gab es von Geheimdiensten ge-
streute Gerüchte, Onkel Klaus habe schützend die Hand
über mich gehalten, um meinem Vater einen Gefallen zu
tun. Die Ähnlichkeit der auf dem Foto abgebildeten Toten mit meiner Schwester Trixi fiel allen auf, die mich
gekannt hatten. Man munkelte, Trixi habe für das Foto
der toten Monika posiert, und Altmann alias Barbie
habe mich diskret nach Chile ausreisen lassen. Im Hafen

von Valparaiso hätte ich mich auf einem Kutter eingeschifft, der zur Robinson-Insel Juan Fernández auslief. Dort sei ich sicher gewesen vor den Nachstellungen bolivianischer Militärs und dem langen Arm der ELN, die Verräter mit dem Tod bestrafte. Mit dem von meinem Vater hinterlassenen Geld hätte ich Land gekauft und ein Strandhotel eröffnet, das ich *Robinson Crusoe Lodge* nannte zur Erinnerung an Feltrinellis Konto und den von Hans Ertl gedrehten Film. Aus Mangel an Gästen, die nur selten die Insel besuchen – außer Hobbytauchern zieht es niemand dorthin – sei das Hotel pleitegegangen, aber zusammen mit meiner Schwester Trixi, die später nachkam, hielte ich die Stellung in meinem von Kampfhunden bewachten Anwesen in einer schwer zugänglichen Bucht.

PS:

In einem häufig wiederkehrenden Traum laufe ich eine steil abfallende Straße hinab, ohne zu wissen, wo ich bin: Hamburg scheidet aus, weil es keine Berge hat, die Robinson-Insel ebenfalls, weil es dort zwar Steilküsten, aber keine Asphaltwege und Teerstraßen gibt, nur Evakuierungspfade führen den Berghang hinauf, die es bei meinem ersten Besuch dort noch nicht gab, erst nach dem von Neruda beschriebenen Erdbeben, das Concepción zerstörte und zwanzigtausend Menschen tötete, richtete man Evakuierungswege ein, die am 21. Februar 2010 vielen Menschen das Leben retteten. Von einem achtjährigen Mädchen gewarnt, das früh um vier im Radio eine Tsunami-Warnung hörte, brachten sie sich in Sicherheit, bevor die durch das Beben ausgelöste Flutwelle die Cumberland Bay erreichte und San Juan Bautista, den Hauptort der Insel, zu Kleinholz zerlegte, einschließlich des am Strand gelegenen Friedhofs, auf dem die Matrosen der *Dresden* beigesetzt sind.

Die je nach Laufrichtung ansteigende oder abfallende Straße heißt Avenida Alexander und befindet sich in La Paz: Vermutlich bin ich auf dem Weg zum Deutschen Club, wo es bayrisches Bier, Steinhäger, Leberkäse und Weißwürste gibt, nicht zu vergessen Jacobs-Kaffee und Schwarzwälder Kirschtorte, nur die entsicherte Pistole in meiner Handtasche passt nicht dazu, eine Walther P 38, die ich dem Waffenarsenal meines Vaters entnahm, aber vielleicht ist die Pistole doch nicht fehl am Platz, denn ich bin unterwegs zu Onkel Klaus, der mit Nachnamen Barbie alias Altmann heißt und heute ausnahmsweise nicht an seinem Stammplatz sitzt, von dem aus er die Drehtür des Deutschen Clubs im Auge behält. Entweder hat er sich verspätet oder er wurde gewarnt, obwohl er mir, seinem Patenkind Mockel, sonst immer blind vertraut.

Aber vielleicht irre ich mich, und die mit leichtem Gefälle, nicht steil abfallende Straße liegt doch in Hamburg, in Harvestehude vielleicht, und führt auf eine Gründerzeitvilla zu, Heilwigstraße 125, in deren dritter Etage eine nie von der Polizei überprüfte Wohngemeinschaft haust, während ein Stockwerk tiefer der Generalkonsul der Republik Bolivien residiert, Roberto Quintanilla Pereira, von Freunden Toto genannt, und sich die Hände in Unschuld wäscht, will sagen: Er wäscht sich die Hände in der an sein Büro grenzenden Toilette und zieht, beim Blick in den Spiegel, den mit Brillantine geglätteten Scheitel nach, als seine Frau, die im Konsulat Sekretärin und Mädchen für alles ist, ihm eine Besucherin meldet: Keine gewöhnliche Touristin, sondern eine junge Dame, der er mehr als nur einen Stempel in den Pass drücken möchte, denn Toto Quintanilla ist ein Macho, der genauso gut foltern wie flirten kann und dabei selbst gern Hand anlegt, noch dazu bei einer Blondine, die fließend Spanisch spricht und den Herrn Konsul zu sehen wünscht.

Oder ist die steil anfallende Straße ein Bergpfad auf der Robinson-Insel Juan Fernández, ein Schotterweg am Osthang der Cumberland Bay, so genannt nach dem englischen Admiral, der bei der Belagerung Puerto Ricos, um seine Leute bei Laune zu halten, die Cumberland-Sauce erfand: ein gewundener Saumpfad, den ich, einen Fuß vor den anderen setzend, vorsichtig hinabsteige, vorbei an Schautafeln mit Hinweisen auf gefährdete Pflanzenarten, Waldvögel und Insekten, bis hinter der letzten Biegung des Weges die Einfahrt zu einem Hotel sichtbar wird, das wie alle Herbergen hier *Robinson Crusoe Lodge* heißt, Wachhunde springen geifernd am Maschendraht hoch, aber ich habe keine Angst vor den Hunden, die mir, statt in die Waden zu beißen, aus der Hand fressen, denn ich bin die Eigentümerin und einzige Bewohnerin des Luxushotels, das sie vor Einbrechern schützen, ihr Gebell genügt, um Fremde von meinem Grund und Boden zu vertreiben, aber diesmal haben die Dobermänner – sagt man so? – nicht aufgepasst, denn in dem aus Schiffsplanken gezimmerten Swimmingpool liegt eine blonde Frau mit dem Gesicht nach unten im kalten

Wasser, das weiter oben am Berg entspringt und in Rinnsalen den Hang hinabfließt, bevor es auf dem Steinstrand versickert. Ich habe keine Ahnung, wer die Frau ist, weiß nicht, ob sie tot oder lebendig, ein Mordopfer oder eine Selbstmörderin ist, und um vor Überraschungen gefeit zu sein, entsichere ich meine Pistole, eine Walther P 38 aus dem Besitz meines Vaters, die ich stets bei mir trage, um mein Leben so teuer wie möglich zu verkaufen.

EWIGE JAGDGRÜNDE

Epilog

Die Landschaft in Westernfilmen und Wildwestroma-
nen steigt unmerklich an: Sie beginnt am tiefsten Punkt
der Ebene und endet im Gebirge, wo der Bösewicht, von
Schüssen seines Verfolgers getroffen oder um diesem zu
entgehen, von einem Felsvorsprung in den Abgrund
stürzt. Der Böse reißt den Guten mit, er wirft, am Boden
liegend, sein Messer oder feuert die letzte Kugel auf ihn
ab, bevor er stirbt. Im Western siegt nicht das Gute, sondern der Bessere, wie mein Freund Peter Schneider in
einem frühen Essay schrieb: »Stiefel, Türrahmen, Pferde-
schenkel dienen ihm, um mit dem gewissen Armschwung
Streichhölzer daran zu entzünden. Sumpfiges Fluss-
gelände verrät ihm auf zehn Minuten genau, wann wie
viele Reiter in welcher Richtung geritten sind.« Die Main
Street führt vom mit Schwingtüren versehenen Saloon
zum Büro des Sheriffs, das gleichzeitig als Gefängnis
dient, und von dort zum Friedhof: In diesem Koordina-
tensystem treten Held und Schurke gegeneinander an
zum Duell auf Leben und Tod, das wie eine Schach-
partie festen Regeln folgt. Wildwestromane und Wes-
ternfilme ähneln einander wie ein Ei dem anderen, und
nur auf den ersten Blick wird ein und dieselbe Geschichte erzählt: Es geht um Familienähnlichkeiten wie
bei dem Grübchen am Kinn von Kirk Douglas, Gary
Cooper und Cary Grant, an dem der Zuschauer seine

Sympathie festmacht – der Held wechselt nicht das Thema, sondern das Pferd. Die meisten Western beginnen in der Prärie und enden in den Rocky Mountains oder am Pazifikstrand: Zweikämpfe im Schnee oder in der Meeresbrandung sind Ausnahmen. So besehen vollzieht die Handlung die Besiedlung Nordamerikas nach, nicht die Landung der Pilgerväter, sondern die Landnahme durch Siedlertrecks, die mit von Ochsen gezogenen Planwagen gen Westen rollen, durch eine menschenleere Landschaft, an Farbtafeln in Geologiebüchern erinnernd oder an Marlboro-Reklamen, die nicht in Arizona oder New Mexico gedreht werden, sondern auf einer Ranch in West-Texas, am Rand des Llano Estacado: Zeugenberge, die einst eine Hochebene bildeten und jetzt als Säulenstümpfe in den Himmel ragen, schillernd in allen Farbschattierungen von Ockergelb und Orangerot bis Blauschwarz und Ultraviolett. »Ob der Western in Abilene oder Laramie spielt, ist im Grunde gleichgültig«, schreibt Hermann Piwitt, der beste Kenner der Materie: »Hauptsache, es gibt eine Main Street in der Stadt, um das Bedürfnis nach Duellen zu befriedigen, und Prärie und Gebirge in der Nähe, zum Reiten, Verfolgen und Verstecken.«

Die Landschaft folgt den Erfordernissen der vom Helden verkörperten Handlung – nicht umgekehrt: Dem zum Tode verurteilten Gangster, den der Sheriff in die Stadt überführt, um ihn an den Galgen zu bringen, gelingt die Flucht, und er lässt den Ordnungshüter, der seinen letzten Schluck Wasser mit ihm teilt, verdurstend in der Wüste zurück. Die Abwehr eines Indianerangriffs schweißt die Widersacher wieder zusammen, das Katz-

und Mausspiel beginnt von Neuem, und der Showdown verschiebt sich bis zum Einreiten in die Stadt, deren Bürger Gesetzeshütern ebenso misstrauen wie Gesetzesbrechern: »Ein Sheriff, der in die Stadt hineinritt und lebend wieder herausritt, war eine Seltenheit, denn Charleston war ein gesetzloser Ort.«

Nicht bloß Gut und Böse, auch Raum und Zeit werden zu relativen Begriffen, wobei die eingestreuten Jahreszahlen und Entfernungsangaben jeder Exaktheit Hohn sprechen: »1864 wurde Ben Trane erschossen. Drei Jahre später geht ein großer, fast sechs Fuß hoher, schlanker Boy durch Matagorda.« Oder: »Sie waren gefangen wie zwei Mistkäfer zwischen vierzig Meilen voneinander entfernten Kuhfladen.«

Das ironische Spiel mit dem Leser – *Tongue-in-cheek* – verdeutlicht der folgende Text, der wie alle weiteren Zitate dem 1951 erschienenen Roman *Riders of High Rock* des Westernautors Louis L'Amour entnommen ist: »Die Nachtstunden zogen vorbei wie eine Prozession schwarz gewandeter Mönche auf dem Weg zur Morgenandacht. Die Berge wuchsen höher, die Canyons wurden steiler und tiefer. Hopalong zügelte sein Pferd und durchkämmte die Landschaft mit seinem Röntgenblick.«

Nicht bloß Raum und Zeit, auch die übrigen Elemente der Handlung beruhen auf Standardsituationen und stereotypen Signalen, deren Wiedererkennung Lustgewinn verschafft: der ästhetische Mehrwert liegt in der Abweichung von der Norm. Ähnlich wie der Krimi ist der Wildwestroman ein Zeichensystem, das sich beliebig in andere Medien wie Comics, Theater oder Film übertragen und dabei satirisch dekonstruieren lässt – der Western liefert seine Parodie immer schon mit. Das Essen zum Beispiel wird reduziert aufs Frühstück, bestehend aus Spiegeleiern mit gebratenem Speck; am Lagerfeuer gibt es Bohnen, die Blähungen verursachen, wie John Reed dies in seinen Reportagen aus der mexikanischen Revolution schildert. Aber nur Anthony Quinn als Mexikaner oder Burt Lancaster als roter Korsar würzen ihr Essen mit Chilisauce – Hopalong Cassidy zieht Tomatenketchup vor: »Er grinste breit angesichts der Spiegeleier mit Speck. So sollte ein Mann essen! Ich habe noch nie einen Cowboy gesehen, der Reste auf seinem Teller zurückließ.« Hopalong kicherte: »Rieche ich Pfannkuchen?«

Zu trinken gibt es Kaffee aus Blechtassen, keinen Alkohol. Der kommt dann zum Einsatz, wenn ein Schlangenbiss kuriert, eine Kugel extrahiert oder ein Bein amputiert werden muss. Ähnlich wie der blinde Sänger der Antike oder der verrückte Erfinder im Science-Fiction-Film ist der Arzt ein Alkoholiker, den man mit eiskaltem Wasser übergießt, damit er mit ruhiger, nicht mehr zitternder Hand operiert. Schlangenbisse werden mit glühenden Eisen ausgebrannt, nachdem der Arzt das Gift abgesaugt und mit verzerrtem Gesicht ausgespien hat, wobei Whiskey, sprich Feuerwasser, als Schmerz- und Desinfektionsmittel dient. Hinterher tritt der Held, als sei nichts geschehen, an die Bar und kriegt Ärger, weil er ein Glas Milch bestellt. Auch dazu hat Louis L'Amour das Entscheidende gesagt: »Der Saloon im Wilden Westen ist mehr als nur ein Getränkeausschank, er dient als

Zentrum der Geselligkeit, Nachrichtenbörse und Wohnzimmer zugleich. Wer Augen und Ohren offen hält, kann hier mehr lernen als in der Schule oder Universität.«

FSC
www.fsc.org

MIX

Papier aus ver-
antwortungsvollen
Quellen

FSC® C014496

© Frankfurter Verlagsanstalt GmbH,
Frankfurt am Main 2020
Alle Rechte vorbehalten
Lektorat © Frankfurter Verlagsanstalt
Umschlaggestaltung: Laura J Gerlach
Unter Verwendung eines Motivs von Etna Ruf
aus dem Bild »Der Jäger Gracchus«
Herstellung: Laura J Gerlach
Satz: psb, Berlin
Druck und Bindung: GGP Media GmbH, Pößneck
Printed in Germany
ISBN 978-3-627-00280-0